T0270285

FENOMENOLOGÍA
Y FILOSOFÍA TRASCENDENTAL DE LOS VALORES

MARTIN HEIDEGGER

FENOMENOLOGÍA Y FILOSOFÍA TRASCENDENTAL DE LOS VALORES

Semestre de verano de 1919

Traducción de
FRANÇOIS JARAN Y STEFANO CAZZANELLI

herder

Título original: Gesamtausgabe. II. Abteilung: Vorlesungen, Band 56/57,
Zur Bestimmung der Philosophie, 2. Phänomenologie
und transzendentale Wertphilosophie
Traducción: François Jaran y Stefano Cazzanelli
Diseño de la cubierta: Stefano Vuga

© *1987, Vittorio Klostermann GmbH, Fráncfort del Meno*
© *2023, Herder Editorial, S. L., Barcelona*

Segunda edición 1999, corregida y ampliada

ISBN: 978-84-254-5028-0

Imprenta: Liberdúplex
Depósito legal: B - 17411 - 2023
Printed in Spain – Impreso en España

herder

ÍNDICE

NOTA SOBRE LA PRESENTE EDICIÓN

El libro que presentamos contiene el curso impartido por Martin Heidegger durante el semestre de verano de 1919, *Fenomenología y filosofía trascendental de los valores*, junto con dos textos importantes de los inicios de su itinerario intelectual, el curso *Sobre la esencia de la universidad y de los estudios académicos*, también del verano de 1919, y la conclusión al curso anterior, que no se había incluido en la primera edición del tomo 56/57 de las *Obras completas [Gesamtausgabe]* publicada en 1987. Todos estos textos provienen del primer período docente de Heidegger en Friburgo, que inició en 1915 y terminó en 1923. Gracias a esta publicación y la del curso del semestre de emergencia bélica en esa misma editorial,[1] los inicios del pensar heideggeriano en forma de cursos magistrales (que tanta relevancia tienen para entender al filósofo) están por fin disponibles para el lector hispanohablante.

El curso *Fenomenología y filosofía trascendental de los valores* constituye una directa confrontación entre la fenomenología, que Heidegger descubrió una década antes, y la filosofía de los valores, es decir, la filosofía tal como la practicaban los filósofos neokantianos que fueron sus primeros maestros. Aparece de forma perfectamente clara en este curso la voluntad de Heidegger de tomar distancia con el neokantismo

1. *La idea de la filosofía y el problema de la concepción del mundo*, Barcelona, Herder, 2005.

dominante gracias a una reformulación y una reforma de la fenomenología husserliana.

Heidegger obtiene la habilitación en 1915 y empieza a impartir clases en Friburgo en el invierno de 1915-1916. Compartiendo su actividad docente durante algún tiempo con obligaciones militares, termina siendo llamado para su instrucción e instalado en una estación meteorológica del frente de Verdún. Al terminar la guerra, Heidegger reanuda su docencia en Friburgo y se convierte en el asistente de Husserl, cargo que desempeñará hasta 1923, cuando se marcha a Marburgo. Heidegger imparte un primer curso a la vuelta del frente durante el semestre de emergencia bélica (de febrero a abril de 1919) y después de un muy breve descanso, otros dos en el semestre de verano (de mayo a julio).

*

Indicamos entre corchetes, cuando lo hemos considerado necesario, los términos alemanes cuya traducción no es evidente. En los casos donde el texto es especialmente complicado, siempre hemos consultado las soluciones que nuestros colegas (Sophie-Jan Arrien, Sylvain Camilleri, Ted Sadler y Gennauro Auletta) emplearon en sus respectivas traducciones. Los números entre corchetes indican la paginación del original alemán. Las palabras entre corchetes son añadidos del editor alemán y las que aparecen entre llaves son de los traductores.

Queremos agradecer a Ramón Rodríguez García por su revisión del texto y sus sugerencias y a los participantes del taller de lectura en la Universidad Complutense de Madrid que nos ayudaron a formular con mayor precisión el pensamiento de Heidegger en lengua española.

François Jaran y Stefano Cazzanelli

FENOMENOLOGÍA Y FILOSOFÍA TRASCENDENTAL DE LOS VALORES

Semestre de verano de 1919

[121] INTRODUCCIÓN

a) Principios directivos del curso

Carácter general del curso: no se trata de una comparación sistemática, exhaustiva y solamente descriptiva de dos puntos de vista y sistemas. (Eso daría como resultado o bien una mera copia, en comparación con la cual el original sería mucho mejor, o una imagen parcial sin valor que se añadiría a las muchas que ya hay).

Objetivo: problemas concretos que surgen de la tendencia central del planteamiento del problema y que se articulan en torno a un problema básico concreto. El juicio como reconocimiento. (En general: ¡la intencionalidad, la tendencia de la vivencia y la cuestión de en qué medida los valores pueden reducirse a las tendencias interpretadas teleológicamente!).

Empezar con investigaciones de principio que tendrán que preceder a cualquier debate serio sobre «puntos de vista» (es decir, superarlo y mostrarlo como superfluo).

Tres grupos de problemas:

I. El problema del valor	} Sistema (III.) del	} Reconducción al
II. El problema de la forma[1]	idealismo (II.)	fenómeno
III. El problema del sistema	teleológico (I.)	de la motivación

En primer lugar, es importante obtener una determinación de estos problemas, es decir, reconducirlos hasta

1. Entenderlo como un problema eidético de esencia, de sentido

15

su auténtico estrato fenomenológico originario (*vida en y para sí*). *Introducción histórica:* motivación histórico-espiritual y tendencia de las tres ideas problemáticas.

[122] *Ad* I. Después del idealismo especulativo,[2] cuyo decaimiento era cada vez más acentuado, apareció, como reacción, el peligro de la cosificación absoluta del espíritu en cosas, cuerpos, movimientos y procesos. Toda metafísica del ser fue considerada una recaída. Al mismo tiempo, se reconoció, en parte aún bajo el efecto del idealismo alemán, la imposibilidad de cualquier orientación metafísica, no-cósica y no-sensible.

Lask descubrió en el deber y en el valor, como última vivencia, *el* mundo: algo metafísicamente no-cósico *[nicht-sachlich]*, no-sensible sin ser por ello acósico *[un-sachlich]* o exageradamente especulativo. El mundo sería más bien algo factual *[tatsächlich]*.

Esta convicción fundamental (lo que es se funda en el deber) hizo posible una cosmovisión, una armonización de la ciencia (ciencia de la naturaleza) y la vida del espíritu; al mismo tiempo, introdujo un nuevo punto de vista en la consideración de los problemas científico-filosóficos, que permite comprender la renovación incipiente de Kant y llevarla a una interpretación unitaria cosmovisional (normatividad – método teleológico).

---

y de contenido. Véase Emil Lask, *Die Lehre vom Urteil* [La teoría del juicio], Tubinga, J. C. B. Mohr (Paul Siebeck), 1912, p. 118. ¡Esto también plantea el problema del mundo y de las vivencias (lo teorético) y su genuinidad! Fenómeno de la significatividad en general.

2. Anteponer una consideración de la filosofía trascendental kantiana y una referencia al primer planteamiento kantiano de la problemática filosófico-trascendental; teoría acerca del problema teorético (ciencia matemática de la naturaleza).

El desarrollo de la filosofía moderna de los valores se distribuye entonces en dos corrientes principales: en el sentido de una implantación cada vez más aguda de la idea de valor en lo trascendental y, por otra parte, en el de una formulación trascendental cada vez más consciente de los problemas vinculados al valor. Ambas corrientes principales surgen de la idea de valor y, como tales, son decididamente históricas: 1. por medio de los *problemas teoréticos* renovados (ensayo de Windelband sobre el juicio negativo, en *Preludios;* Rickert, *Definición* y *Objeto*),[3] 2. por medio [123] de la introducción de la «historia» como problema filosófico en la conciencia filosófica (Dilthey: investigación decisiva que influye en el discurso de rectorado de Windelband,[4] Rickert, Lask, *Fichte*).[5] Lo teorético como valor en Rickert, categorías como valor y forma en Lask, mientras que Windelband no concibe lo teorético en términos de valor.

3. Wilhelm Windelband, «Kulturphilosophie und transzendentaler Idealismus» (1910), en *Präludien. Aufsätze und Reden zur Philosophie und ihrer Geschichte*, 5.ª ed. ampliada, Tubinga, J. C. B. Mohr (Paul Siebeck), 1915, vol. II, pp. 286ss [«La filosofía de la cultura y el idealismo trascendental», en *Preludios filosóficos. Figuras y problemas de la filosofía y de su historia*, Buenos Aires, Santiago Rueda, 1949, pp. 415ss]; Heinrich Rickert, *Zur Lehre von der Definition*, 2.ª ed. mejorada, Tubinga, J. C. B. Mohr (Paul Siebeck), 1915 [*Teoría de la definición*, Ciudad de México, Universidad Nacional Autónoma de México, 1960]; *id.*, *Der Gegenstand der Erkenntnis* [El objeto del conocimiento], Friburgo, J. C. B. Mohr (Paul Siebeck), 1892.

4. Wilhelm Windelband, «Geschichte und Naturwissenschaften» (discurso de rectorado en Estrasburgo) 1894, en *Präludien, op. cit.*, vol. II, pp. 136-160 [«Historia y ciencia de la naturaleza», en *Preludios filosóficos, op. cit.*, pp. 311-328].

5. [N. de los T.] Emil Lask, *Fichtes Idealismus und die Geschichte* [El idealismo de Fichte y la historia], Tubinga-Leipzig, J. C. B. Mohr (Paul Siebeck), 1902.

Ad II. En el curso de una comprensión cada vez más precisa del problema del valor y bajo la influencia del neokantismo de los de Marburgo y de las *Investigaciones lógicas* de Husserl,[6] el problema del valor experimentó una inclusión paulatina en lo trascendental. Este carácter cada vez más destacado del problema de la forma (Lask, *Lógica* y *Juicio* a los que hay que comparar las diferentes ediciones de *El objeto del conocimiento* de Rickert),[7] la consideración trascendental de la forma, conduce al problema de las divisiones categoriales en ámbitos. Los esfuerzos histórico-filosóficos que culminan en la filosofía de la cultura sugieren la necesidad de un todo cultural y su posible interpretación global. La interpretación resultó ser posible solo en y a través del conjunto de los valores culturales; su conexión, su clasificación se vuelve problemática.

Ad III. El problema teorético-trascendental e histórico-filosófico desemboca en el de la *sistemática*, del sistema de los valores (Lask, *Lógica*, conclusión;[8] el artículo en *Logos* de Rickert y *Límites;*[9] Münsterberg allanó el

---

6. Edmund Husserl, *Logische Untersuchungen*, vol. I: *Prolegomena zur reinen Logik*, 2.ª ed. reelaborada, Halle, M. Niemeyer, 1913 [«Prolegómenos a la lógica pura», en *Investigaciones lógicas 1*, Madrid, Alianza, 2006].

7. Emil Lask, *Die Logik der Philosophie und die Kategorienlehre. Eine Studie über den Herrschaftsbereich der logischen Form* [La lógica de la filosofía y la teoría de las categorías. Un estudio sobre el dominio de la forma lógica], Tubinga, J. C. B. Mohr (Paul Siebeck), 1911; *id.*, *Die Lehre vom Urteil, op. cit.*; Heinrich Rickert, *Der Gegenstand der Erkenntnis, op. cit.*, 1.ª ed.: 1892, 2.ª ed.: 1904, 3.ª ed.: 1915.

8. Emil Lask, *Die Logik der Philosophie und die Kategorienlehre, op. cit.*, pp. 271ss.

9. [N. de los T.] Heinrich Rickert, «Vom System der Werte» [Sobre el sistema de los valores], en *Logos. Zeitschrift für systematische Philosophie*, 1913-1914 (3), pp. 295-327; *id.*, *Die Grenzen der natur-*

camino). La sistemática misma se acerca a la heterotesis hegeliana que también es vista en la esfera del objeto teorético: forma – contenido – duplicidad. [124] La necesidad filosófica de un sistema —típica de esta época en general—, el creciente neohegelianismo, el querer salir de la «fragmentación y de las ciencias particulares» (véase también el acercamiento al sistema por medio de los tipos en Simmel), todo esto empuja hacia la sistemática, aunque solo hacia una sistemática ensamblada a partir de fragmentaciones.

La influencia histórica de la filosofía de los valores tuvo como consecuencia un fuerte énfasis en la idea de valor en todas las esferas de la vida, una expansión de lo axiológico análoga a la de lo teorético, en parte también un dominio de ambos en una compenetración de varios tipos.

Estas motivaciones históricas de las tres ideas problemáticas nos permiten comprender la filosofía de los valores en su fuerte condicionamiento a lo largo del *siglo XIX*. La convicción fundamental de la primacía del valor es tan general que se mantiene frente a la integración de diferentes influencias y planteamientos de problemas, de modo que aparentemente desaparece todo carácter sincrético de la filosofía de los valores.

Aunque la originalidad de esta filosofía fuera nula, ciertamente no perderíamos nada en la medida en que nos plantea problemas auténticos y los resuelve con medios auténticos. Muchos todavía consideran la ori-

---

wissenschaftlichen Begriffsbildung. Eine logische Einleitung in die historischen Wissenschaften [Los límites de la elaboración de los conceptos científico-naturales. Una introducción lógica a las ciencias históricas], Friburgo / Leipzig / Tubinga, J. C. B. Mohr (Paul Siebeck), 1896-1902; 2.ª ed., 1913.

ginalidad como el criterio para establecer la importancia o la insignificancia de una filosofía: la supuesta consideración histórica de los diversos sistemas, su breve duración, su carácter como forma típica de expresión de una personalidad, de una época. Las actitudes no científicas hacia la historia fomentan tales valoraciones. Lo decisivo, sin embargo, no es la *originalidad* de la cosmovisión y del sistema, sino la *originalidad* de los problemas científicos. ¡La una no excluye ni incluye a la otra! Lo decisivo no es la novedad de la composición del problema y el orden de los puntos de vista rectores, sino la originariedad de los problemas mismos a raíz de su sentido inmanente.

Entonces podría suceder que, en lo que respecta a la filosofía de los valores, no solo desapareciera la originalidad (en la medida en que no es sino una hábil recepción y una combinación astuta y aprovechable [125] de opiniones parcialmente auténticas: Dilthey, Brentano), sino que su originalidad se revelara del todo inexistente, es decir —y es lo único que es científicamente decisivo—, no solo *factualmente* ausente, sino *imposible*. Es preciso entender el porqué de esta imposibilidad, la razón de la falta de una problemática auténticamente científica, y esto puede llevarse a cabo solo por medio del análisis concreto de los problemas como tales.

¡*Lo general, lo metódico* al principio! *Fenomenología y método histórico;* su unidad absoluta en la pureza de la comprensión de la vida en y para sí (véase en cambio la concepción histórico-filosófica de los de Marburgo o *La filosofía de la antigüedad* de Hönigswald).[10]

10. Richard Hönigswald, *Die Philosophie des Altertums* [La filosofía de la antigüedad], Múnich, E. Reinhardt, 1917.

La confrontación científico-fenomenológica con una filosofía que ya ha obtenido su configuración histórica en el seno de la historia del espíritu debe, para asegurar una comprensión auténtica, abarcar dos tareas: por un lado, obtener la comprensión de la motivación histórica —histórico-espiritual— de cara a la configuración histórico-factual del tipo {de filosofía}; por el otro, intentar comprender este tipo en la autenticidad de su problemática.

Es un engaño pensar que las dos modalidades de consideración sean diferentes, es decir, que una sea histórica y la otra sistemática. No existe, de hecho, una comprensión histórica auténtica sin un regreso a las motivaciones originarias, como tampoco es en general científicamente posible un sistema en cuanto tal. Dicho de otra manera, dado que la distinción entre histórico y sistemático, que hoy en día domina por doquier en la filosofía, es completamente inauténtica, se puede mostrar positivamente cómo la discusión histórico-fenomenológica presenta un método originario, unitario y uniforme de investigación fenomenológica.

Consideraciones generales sobre la crítica filosófica: es propio de la esencia de la crítica fenomenológica que nunca puede ser negativa, es decir, una [126] puesta en evidencia de inconsistencias e incongruencias, de contradicciones y falacias. Un contrasentido, de hecho, no es una discriminación lógico-teorética, una oposición entre una cosa y otra: toda dialéctica teoretizante es más bien contraria, opuesta al sentido de lo pre-dado y de lo que puede darse.

Criterio fenomenológico: todos los predicados mencionados arriba no pertenecen al ámbito de los criterios fenomenológicos. El único criterio fenomenológico es la evidencia comprensora y la comprensión evidente de las vivencias, de la vida en y para sí en el *eidos*. La crítica fenomenológica de una tesis no es contra-poner, presentar contra-pruebas, sino comprender la tesis a partir del lugar desde *donde* recibe su sentido. La crítica es la escucha positiva de las motivaciones auténticas. Las motivaciones inauténticas no son motivaciones en absoluto y pueden ser entendidas como inauténticas solo a partir de las auténticas. Lo fenomenológicamente auténtico se acredita a sí mismo como tal, no necesita otro criterio (teorético).

Absoluto acostumbramiento a las exigencias y expectativas científicas. La calidad y la intensidad de la comprensión son decisivas. La cantidad, la complejidad, la completitud y el orden de los párrafos son irrelevantes. No son de ninguna ayuda; solo inhiben la movilidad de las vivencias comprensoras.

Traslado a la sensibilidad para el carácter absoluto de las evidencias originarias. Sumergirse en la falta de necesidad de demostraciones, razones y explicaciones teoréticas a partir de un sistema completo. *Reconfiguración y nuevo reparto de las cargas probatorias.* No pasar por alto ni desatender el acople de las evidencias. En fenomenología, todo argumentar que recarga y retrasa con objeciones no solo es inútil, sino que va en contra de su espíritu.

En la fenomenología ningún *preguntar* es constructivo, conceptualmente deductivo y dialéctico, sino que surge del qué *[Was]*, del *quale* de los fenómenos, y a él se dirige; ¡ningún *preguntar conceptual* sin fundamento y flotante en el aire!

[127] b) Sobre la intención del curso

La yuxtaposición de la fenomenología y de la filosofía de los valores que aparece en el título, indiferente y sin relevancia de cara a una toma de posición, solo expresa de forma imprecisa la intención real del curso: este, en términos concretos, consiste en una crítica fenomenológica de la filosofía trascendental de los valores.

De modo que *no* se trata de meros y quizá interesantes contrastes entre un *«punto de vista»* filosófico y otro, de poner en juego una «dirección» frente a otra. Más bien, toda filosofía de los puntos de vista, sea cual sea su procedencia y competencia, deberá revelársenos como pseudofilosofía por medio de un radicalismo intransigente en el planteamiento de la cuestión; de tal manera que con esta demostración penetramos en el auténtico estrato originario de la problemática y de la metodología auténticamente filosóficas. La crítica auténtica es siempre positiva, y justamente la crítica fenomenológica, si es fenomenológica, solo puede ser *en general* positiva. Ella supera y rechaza problemáticas falsas, confusas y a medio resolver solo *mostrando* la auténtica esfera problemática. Renuncia al rastreo diligente de los desequilibrios lógicos en sistemas específicos, al sondeo a tientas de las supuestas contradicciones internas y al rechazo de las discrepancias particulares entre las teorías.

Se trata de los principios de toda vida espiritual y de indagar en la esencia misma de toda principialidad. Eso significa, al mismo tiempo, que la crítica fenomenológica, cuyo objetivo positivo es ver y traer-a-la-vista los orígenes auténticos y verdaderos de la vida espiritual en general, solo se pondrá en marcha respecto de aquellas intuiciones filosóficas que, por medio de una investigación crítico-fenomenológica, son capaces de conducir a campos de problemas auténticos.

[128] Un debate como este se convierte enseguida en una obligación científica frente a una filosofía que se basa en un trabajo serio y pretende ser científica y que, al mismo tiempo, tiene la convicción de prolongar las grandes e imperecederas tradiciones de Kant y del idealismo alemán en sus firmes tendencias. Un debate con estas tradiciones se convierte en un debate con el siglo XIX en general. Junto a la escuela de Marburgo, la filosofía trascendental de los valores es una de las corrientes filosóficas actuales más importantes. También se la conoce como la escuela de Baden o de Friburgo, denominación que era correcta antes de 1916, cuando Windelband era docente en Heidelberg y Rickert, su discípulo y fundador sistemático de la filosofía de los valores, impartía clases aquí.[11]

Debido a que es de crucial importancia para cualquier investigación fenomenológica comprender los motivos auténticos y significativos de un problema, una toma de posición crítica frente a la filosofía trascendental de los valores no puede sino poner en evidencia sus problemas en sus motivaciones histórico-espirituales inmanentes. No se trata de tener en cuenta y recopilar las llamadas «influencias históricas», sino de un comprensor...[12]

11. [N. de los T.] Heidegger se refiere naturalmente a Friburgo, ciudad donde estaba impartiendo el curso que aquí traducimos.

12. [N. del editor alemán] El manuscrito de la introducción se interrumpe en este lugar.

EXPOSICIONES HISTÓRICO-PROBLEMÁTICAS

CAPÍTULO PRIMERO

LA GÉNESIS DE LA FILOSOFÍA DE LOS VALORES EN CUANTO ACTUAL FILOSOFÍA DE LA CULTURA

§ 1. El concepto de cultura
en la filosofía de finales del siglo XIX

El contenido espiritual típico del siglo XIX, así como su estructura, llegaron a su expresión conceptual entre 1890 y principios de este siglo, es decir, el siglo XIX elaboró su típica filosofía de las concepciones del mundo. «Las filosofías se comportan de la misma forma que los sistemas culturales de los cuales proceden».[1] El núcleo de esa conceptualidad típica se encontró en el concepto de *cultura*.

Pero este concepto ni siquiera alcanzó su determinación científica y aún menos su evidencia filosófica; si bien el concepto de *cultura* guía cada reflexión universal hacia la totalidad de ámbitos determinados de vida y de la vida en general, solamente lo hace en cuanto fermento irisado, equívoco e intelectual. Si el concepto de cultura posee este destacado significado funcional es porque ha

---

1. Wilhelm Windelband, «Immanuel Kant. Zur Säkularfeier seiner Philosophie (Vortrag)» (1881), en *Präludien. Aufsätze und Reden zur Einleitung in die Philosophie*, 5.ª ed., Tubinga, J. C. B. Mohr (Paul Siebeck), 1915, vol. I, p. 145 [trad. mod., «Immanuel Kant en el centenario de su filosofía», en *Preludios filosóficos. Figuras y problemas de la filosofía y de su historia*, Buenos Aires, Santiago Rueda, 1949, p. 102].

brotado de las exigencias intelectuales propias del siglo
XIX y porque se consideró que podía satisfacerlas.

Los dos momentos de su significado intrínseco, que
explican a la vez de forma inmediata su uso corriente
actual, caracterizan también su *origen auténtico*. El concepto actual [130] de cultura contiene en sí ante todo
el momento significativo de lo «*histórico*». La cultura es
un fenómeno histórico. De hecho, los conceptos «pueblo
sin cultura» y «pueblo sin historia» son equivalentes. El
entrelazamiento del concepto de cultura con la idea de la
historicidad —la configuración cultural es un proceso histórico— permite entender el dominio intelectual del concepto de cultura a finales del siglo XIX: en cuanto proceso
y finalidad de la configuración de la vida de la humanidad
creadora y de sus obras, la idea de cultura puede impo-
nerse a la conciencia reflexiva únicamente ahí donde la
conciencia histórica ha despertado. Así, si se remonta hacia
las fuerzas motrices que fueron las causas del concepto
de cultura en cuanto elemento consciente de interpretación de la vida, nos vemos conducidos hacia la idea de la
conciencia histórica, la idea de la historicidad —y se plantea la pregunta acerca de su génesis histórico-espiritual—.

El concepto histórico de cultura lleva en sí, como
el segundo momento significativo más importante, el
de «*logro*» *[Errungenschaft]*, rendimiento, realización de
algo valioso —y cada vez se trata de un rendimiento
significativo, característico, extraordinario, valioso y que
otorga a una época histórica su carácter peculiar—. La
técnica y la base teórica que hizo en primer lugar posible
la técnica —es decir, la *ciencia de la naturaleza*— valen
como el logro específico de finales del siglo XIX. Se habla
de la época de la ciencia de la naturaleza, del siglo de la
técnica. Es cierto que la ciencia de la naturaleza ha tenido

§ *1. El concepto de cultura*

un primer período de prosperidad ya en el siglo XVII. Pero el segundo, el del siglo XIX, por su despertar renovado y por su creciente propagación a todos los niveles de la vida, no puede entenderse únicamente a partir de la continuidad ininterrumpida de las investigaciones y de los descubrimientos de las ciencias de la naturaleza.

Que la ciencia de la naturaleza constituya el orgullo de una época, que sea la tendencia de su conciencia, que se entienda como un *logro* y, consecuentemente, como cultura, esto solo se explica si, también en relación con ese segundo momento del concepto histórico de cultura, caracterizado y especificado de manera determinada [131] en su contenido, seguimos la pregunta acerca de su génesis histórico-espiritual. Si se consigue una comprensión clara de las motivaciones históricas de las dos determinaciones del concepto histórico de cultura que se imponen en primer lugar —1. conciencia histórica, 2. logro extraordinario y valioso (encarnado en la ciencia de la naturaleza y en la ciencia empírica en general)— entonces se garantiza a la vez una comprensión de la filosofía *típica* de finales del siglo XIX.

Una época, pues, debería llegar a tomar conciencia de sí misma en el seno de su filosofía (eso es lo que se dice). La filosofía de una época que se ve a sí misma como creadora de cultura y que genera rendimientos no puede ser sino una forma de conciencia de sí misma en la cual la idea de cultura se convierte en la idea dominante. Su filosofía es y se llama a sí misma *«filosofía de la cultura»*. En ella, las fuerzas motrices histórico-espirituales de la idea de cultura histórica —así como algún rendimiento cultural particular— deberán llegar a una expresión conceptual y estructural de un grado superior.

Si investigamos las fuerzas motrices histórico-espirituales en vista del poder dominante de la idea de cultura

en el siglo XIX y en particular de la motivación de los dos
momentos que hemos puesto de relieve, es para obtener
una perspectiva espiritual para la problemática que, de
esa forma, haremos accesible a una nueva investigación.
Esta consideración histórico-espiritual —que, con razón
aquí, debe ser restringida a lo que está en conexión significativa con esta problemática— no debe ser asumida
en el sentido de las tradicionales consideraciones históricas previas que sirven como simple introducción, como
mero empezar-en-algún-sitio, porque tiene que haber
un comienzo. Al contrario, el comprender los motivos
histórico-espirituales constituye *una parte auténtica de
la preparación y de la puesta en marcha de la crítica fenomenológica*. (De hecho, hay aquí un nexo esencial aún
más profundo, un nexo que reconduce a la esencia de
toda hermenéutica fenomenológica. [132] Para nuestros
fines, sin embargo, basta la indicación hacia un nexo es-
trecho entre la consideración histórica y la consideración
«sistemática» –¡las dos deben ser superadas!)

a) El concepto histórico de cultura.
Ilustración y conciencia histórica

La conciencia histórica es el primer momento que des-
tacamos entre los que subyacen al concepto histórico de
cultura del siglo XIX. El concepto de cultura en general se
remonta más allá, aunque solamente hasta la época de la
Ilustración (del siglo XVIII). Para empezar, el significado
mismo de la palabra «Ilustración» no es ninguna categoría histórica; significa tanto como civilización. Cultura
—*les nations les plus éclairées*— son para P. Bayle, Bossuet,
Montesquieu las naciones de cultura en oposición a los
pueblos de naturaleza. Pero Ilustración significa al fin

y al cabo la típica cultura del siglo XVIII y el concepto «Ilustración» se convierte en una categoría metodológica para los fines de una caracterización histórico-científica y cronológica. La Ilustración alcanzó por primera vez con una claridad fundamental la idea de la historia universal. Esto quiere decir a la vez que no era en general ajena a la historia, sino que, al contrario, mantuvo una relación realmente particular con la historia. Esto se estableció sobre el dominio absoluto de la ciencia matemática y del pensamiento racional en general propio de aquel entonces. Los triunfos del pensamiento puro dejaron ver en ellos mismos el ideal del espíritu en general hacia el cual toda experiencia de la humanidad ha de tender. La Ilustración se vio a sí misma como el cumplimiento de la historia y de su recorrido fuera de la barbarie, de la superstición, del engaño y de la falta de orden.

El ideal universal del pensamiento miró más allá de las naciones; se concibió la solidaridad de la humanidad y el progreso hacia la Ilustración como sentido de su existencia histórica. Turgot descubrió la ley de los tres estados: el mítico-teológico, el metafísico y el positivo en la evolución de la humanidad (la ley que más tarde Comte [133] situó en el fundamento de su filosofía de la historia). Esta consideración ilustrada de la historia —que disuelve todo acontecer histórico *[geschichtliches Geschehen]* en nexos, causas e intenciones conceptuales, en planteamientos de fines conceptualmente claros, que toma el individuo como unidad del acontecer histórico pero no como individualidad, sino como caso particular del género y a la vez como átomo histórico (de esa manera, los poetas no fueron valorados como configuradores en el seno de un mundo genuino de vivencias, sino como perfeccionistas del lenguaje que, gracias a su finura y su delicadeza, elevaban la vida pública y social a un mayor nivel)— dispone de un material abundante que suministraron las ciencias del espíritu que, en los siglos XVI y XVII, conocieron un desarrollo libre y natural.

Kant concibió la historia en el sentido de la Ilustración, y la cultura (en su contenido significativo que depende del nivel de conciencia histórica) significó para él la elaboración y el perfeccionamiento de las determinaciones, las reglas y las metas racionales de la humanidad. Con *Herder*, sin embargo, la conciencia histórica obtuvo un decisivo esclarecimiento. Bajo la influencia de Hamann, al concebir la realidad histórica en su plenitud múltiple e irracional y sobre todo al reconocer el valor propio y autónomo de cada nación, de cada época, de cada fenómeno histórico en general, Herder inauguró el cambio: la realidad histórica ya no se considera exclusivamente desde una concepción esquemática-reglada y racional-lineal del progreso que caracteriza cada etapa solo por su capacidad de superar la barbarie y alcanzar la racionalidad. Además, el objetivo del progreso ya no es una felicidad y una excelencia moral abstractas y racionales, sino que «¡cada nación posee en sí el centro de su felicidad, así como cada esfera lleva en sí su centro de gravedad!».[2] Nace el interés por los [134] centros y nexos de acción particulares y cualitativamente originales; la categoría de la «singularidad» *[Eigenheit]* se vuelve significativa y se refiere a toda forma de vida, es decir, *esta* es vista por primera vez como tal. Las intuiciones de Herder conocen una ampliación en cuanto a su con-

2. Johann Gottfried Herder, *Auch eine Philosophie der Geschichte zur Bildung der Menschheit*, en *Sämtliche Werke*, tomo 5, Berlín, B. Suphan, 1891, p. 509 [*Filosofía de la historia para la educación de la Humanidad*, Sevilla, Espuela de Plata, 2007, p. 58].

tenido a la vez que obtienen sus principios filosóficos. Schlegel dirigió su atención a las literaturas y sus formas históricamente originales y autónomas. La investigación sobre los mitos y las leyendas empezó. Se aprendió a considerar los inicios de los pueblos como verdaderas etapas valiosas de la existencia histórica, yendo más allá de su pura explicación en cuanto barbarie. Niebuhr y Savigny consideraron la historia de los Estados y del derecho desde esa nueva perspectiva. Por primera vez, Schleiermacher vio el ser propio y el valor propio de la comunidad y de la vida en comunidad y lo característico de la conciencia cristiana de la comunidad, descubrió el cristianismo primitivo y ejerció una influencia decisiva sobre los trabajos de juventud de Hegel sobre la historia de la religión e, indirectamente, sobre toda la sistemática específicamente filosófica de Hegel en la cual las ideas decisivas del movimiento alemán[3] convergieron en su punto más elevado.

Con ello llegamos a la profundización filosófica que experimentaron las intuiciones de Herder. Kant se mantiene en la frontera entre la Ilustración y el idealismo alemán, es quien lleva la Ilustración a su conclusión más consecuente y más profunda y, de este modo, también hasta cierto grado es quien ya la supera. El traslado del centro de gravedad de toda problemática filosófica a la conciencia, la subjetividad, el yo de la apercepción trascendental, de la razón teorética y práctica y del juicio, da el impulso a la metafísica del yo de Fichte y de Schelling. Lo histórico en su multiplicidad individual y en su singularidad es considerado a partir de ahora desde la

---

3. [N. de los T.] Lo que aquí y más adelante llama Heidegger el «movimiento alemán» corresponde más o menos a la filosofía alemana desde Kant hasta Hegel.

acción *[Tathandlung]* creadora del sujeto —valor propio *[Selbstwert]* de la persona—. El desarrollo histórico es el desarrollo de la conciencia y del espíritu. En ellos mismos se encuentran los primeros pasos del desarrollo espiritual que se ha de descubrir. Se despierta la idea de los motivos y de las etapas del desarrollo [135] (fenomenología) del espíritu y de la dialéctica histórica de la razón. El así llamado panlogismo de Hegel encuentra su origen en la conciencia histórica y ¡no es una especie de consecuencia de la pura y radical teoretización de lo teorético! Junto con ese desarrollo filosófico de la conciencia histórica se va estructurando la investigación empírica sobre la historia, la fundamentación de la filología, la lingüística comparativa, la historia eclesiástica crítica, la psicología de los pueblos y la etnología.

Ranke empieza sus trabajos; llegan a su culminación la comprensión de mundos históricos y la devoción hacia sus riquezas y su movimiento. Evita toda dialéctica especulativa y busca alcanzar el centro real del contenido de esa «fábula» de la historia universal en su verdadero nexo histórico-universal. De esta manera, ofreció pautas para el futuro. En cuanto al material empírico cada vez más amplio de la vida histórica, su manejo experiencial termina teniendo prioridad y preferencia. Pierde importancia la capacidad para entender los contextos de ideas filosóficas y el establecimiento de principios, a causa en parte de la filosofía misma. Los filósofos mismos, Trendelenburg, Erdmann, Zeller, K. Fischer, se vuelcan hacia la *historia*, hacia la realidad concreta. Una desconfianza frente al carácter insuficiente y atrevido de toda especulación recorre el mundo espiritual. En el campo de la ciencia de la naturaleza, el entusiasmo especulativo de Schelling por la filosofía de la naturaleza provoca la misma reacción: alejamiento de la filosofía, vuelta hacia e inmersión en la *experiencia*, en la realidad concreta. Los problemas sociales y económicos que van acumulándose reconducen por completo la vida hacia el suelo de la experiencia y de la actividad práctica.

[136] b) La cultura en cuanto logro y rendimiento

La conciencia que tiene experiencias históricas capta el mundo histórico —al cual pertenece también el propio presente— en su desarrollo, su motivación, y en su configuración y rendimiento teleológicos. Una época dominada por esta conciencia encuentra su propia meta vital en el trabajo propulsor llevado a cabo en lo real *[Wirklichen]* mismo, en el ser real *[am realen Sein]*. Su manejo en el conocimiento de cualquier tipo y en la praxis de cualquier forma vuelve a veces innecesarias las «quimeras» filosóficas trascendentes.

Con la motivación del desarrollo de la conciencia histórica, de ese primer momento en el concepto de cultura, se ha revelado a la vez la del segundo momento: la moderna orientación de la vida hacia peculiares rendimientos en el ámbito de acción de la vida práctica y experiencial, es decir, el desarrollo de la técnica en el sentido más amplio. La muerte de la especulación filosófica y la renuncia a las construcciones metafísicas reforzaron el entusiasmo para las ciencias empíricas, las ciencias matemáticas como las biológicas. (Que, en conexión con ese naturalismo que encontró un respaldo potente desde Inglaterra y Francia, una metafísica del tipo más osado haya podido extenderse en el materialismo no es algo que se estimara inadecuado en su momento, en la medida en que la época misma era presa del naturalismo).

§ 2. *El planteamiento del problema del valor.*
La superación del naturalismo por Lotze

Puesto que alrededor de la mitad del siglo XIX la filosofía no degeneró en un naturalismo ni evolucionó tampoco hacia una investigación histórica —sin duda valiosa y en parte fundamental— acerca de su propia historia (bajo la influencia decisiva de Hegel), todavía desempeñó un papel de importancia menor en algunos planteamientos de cierto teísmo especulativo (Weiße, Ulrici, entre otros), intelectualmente débiles [137] pero auténticamente orientados desde el punto de vista de las vivencias. Formaba parte de la situación histórico-espiritual que una problemática filosófica originaria y radical tuviera tantas dificultades para alzar el vuelo y que solamente poco a poco obtuviera fuerza espiritual. El filósofo que vivió esa liberación como necesaria e intentó ponerla en marcha fue *Hermann Lotze.*

Se trataba para él de presentar como un error básico la cosificación absoluta del espíritu inducida por el naturalismo, es decir, la reducción de todo ser al acontecer corporal, material, cósico, a la materia y a la fuerza, y el rechazo de toda meditación fundamental. Esto, sin recaer en la vieja metafísica ontológica, precrítica, o en la metafísica del idealismo pasado, tan obsoleta como la primera.

Positivamente, esto significa: el descubrimiento de una esfera no-empírica, no vinculada al ser de la naturaleza, no-experiencial, de un mundo no sensible que, en el seno de la no-sensibilidad, evitaba la suprasensibilidad mala y extraviada de la vieja metafísica que, en el fondo, no era menos naturalista.

La dificultad eminente de tal tarea, en una situación histórico-espiritual que hoy casi no somos capaces de comprender originariamente, se expresa en que Lotze no supo resolverla más que de manera incipiente (en sus principios) y aunque logró intuiciones decisivas, nunca se mantuvo a salvo de recaídas en una metafísica especulativa y teológica o de una acentuación demasiado exclusiva de la realidad natural.

De ahí que surgiera una metodología filosófica poco precisa y poco clara, de ahí que la así llamada orientación «sistemática» siguiera siendo vacilante, es decir, que aunque tuviera miedo del sistema, no dejó de tender hacia él. No pudo ver radicalmente la imposibilidad intrínseca de todo sistema de la filosofía científica, pero tampoco tuvo el descaro hacia los mundos de la vivencia como para violentarlos y encerrarlos en un [138] sistema cosmovisional. Para la filosofía auténtica no es sino una «criatura híbrida», pero comprensible en sus elementos fértiles y sus elementos erróneos en la medida en que se esclarezcan de verdad sus motivaciones histórico-espirituales hacia atrás y sus tendencias y efectos hacia delante.

Lotze consiguió superar el naturalismo y seguir —aunque modificándolas— las tendencias del idealismo alemán gracias a que concibió los problemas filosóficos centrales como problemas vinculados al valor, es decir, gracias a que, en último término, los interpretó en un nexo teleológico. Lotze no consideró el problema del valor como tal en toda su seriedad, ni tampoco pasó revista a todos los problemas como problemas vinculados al valor con el rigor metódico requerido. Para ambas tareas se encuentran en su obra algunos esbozos (especialmente en «Mikrokosmos»[1] y en los primeros escritos).

---

1. Hermann Lotze, *Mikrokosmos. Ideen zur Naturgeschichte und Geschichte der Menschheit. Versuch einer Anthropologie* [Microcosmos.

Pero la idea del deber y del valor que siempre vuelve a aparecer en sus pensamientos, así como la interpretación de las ideas de Platón que se lleva a cabo en esa misma dirección —según la cual las ideas no son, sino que *valen*— fueron suficientes para que tenga un efecto especialmente fuerte sobre el desarrollo ulterior de la filosofía en el sentido de un abandono del naturalismo y del psicologismo. Y aunque Lotze no haya sido muy preciso en los problemas de la teoría del conocimiento y aunque la base científica de su formación lo influyó de forma continua, se mantuvo, por su origen en el movimiento alemán, con la mente abierta de cara al planteamiento del problema del *a priori* trascendental. Su doctrina, heredada de Fichte, de la primacía de la razón práctica en cuanto razón «sensible a los valores» *[wertempfindend]* se convirtió en el motivo decisivo para el desarrollo de la filosofía moderna de los valores. Es en ella donde la posición histórico-espiritual de Lotze en el siglo XIX llega a su mayor expresión: defensa de la continuidad y de la conexión [139] con el idealismo alemán y a la vez distorsión crítica del idealismo especulativo. Es cierto que de esa manera la idea pura de lo trascendental no llega a una elaboración profunda, pero en la concepción de lo apriórico en cuanto «copia de la esencia íntima del espíritu»,[2] como también en la reintegración y en la fundamentación de la lógica en la ética, el naturalismo se ve en principio superado y a la vez su época, imbuida de empirismo, se toma en consideración desde un punto de vista filosófico.

Ideas para una historia natural y una historia de la humanidad. Ensayo de antropología], tomos I-III, 2.ª ed., Leipzig, Hirzel, 1869-1872.

2. Véase *ibid.*, tomo I, p. 255.

LA FUNDACIÓN POR WINDELBAND
DE LA MODERNA FILOSOFÍA TRASCENDENTAL
DE LOS VALORES

§ 3. Renovación de la filosofía kantiana.
El carácter de valor de la verdad

Sin embargo, de esta manera no quedan motivados suficientemente la génesis y el carácter cualitativo del desarrollo de la moderna filosofía trascendental del valor. Ya a principios de la década de 1870, cuando *Windelband*, el alumno de Lotze, se habilitó en Leipzig (en 1873, con el escrito *Acerca de la certeza del conocimiento*),[1] en filosofía comenzaron a surtir efecto diferentes enfoques innovadores y autónomos. En 1871, se publicó *La teoría kantiana de la experiencia* de Cohen, un texto que hizo época y que puso en movimiento todo el desarrollo del neokantismo moderno en general, delineando una clara dirección. Un año antes, Dilthey había publicado el primer volumen de su genial obra, *La vida de Schleiermacher* (1870), y en 1874, Brentano intervino en la investigación filosófica de la época con su escrito *Psicología desde el punto de vista empírico.*[2] Tres mundos completamente

---

1. Wilhelm Windelband, *Über die Gewissheit der Erkenntniss*, Berlín, Henschel, 1873.
2. Hermann Cohen, *Kants Theorie der Erfahrung*, Berlín, F. Dümmler, 1871; Wilhelm Dilthey, *Leben Schleiermachers*, Berlín, Georg Reimer, 1870; Franz Brentano, *Psychologie vom empirischen Standpunkte*, Berlín, Dunker & Humblot, 1874 [*Psicología desde el punto de vista empírico*, Salamanca, Sígueme, 2020].

diferentes en cuanto a actitud espiritual e investigación filosófica que, sin embargo, marcaron el desarrollo de Windelband y, por lo tanto, de la filosofía moderna de los valores. Tres esferas de influencia cuya consideración conjunta permite comprender cómo la filosofía trascendental [141] de los valores se convirtió en el presente en el único tipo (serio) de filosofía de la cultura.

Con la exposición de estas motivaciones histórico-espirituales no queremos alentar la opinión de que todos los fenómenos histórico —y especialmente los histórico-espirituales— pueden ser entendidos meramente como combinaciones sumatorias de estímulos e influencias, excluyendo cualquier producción autónoma y originariamente creativa. En el caso que nos ocupa, el especial énfasis y la marcada especificación de estos motivos tiene una legitimidad extraordinaria y un significado de calado en la medida en que, partiendo de ellos, entenderemos los grupos de problemas fundamentales en torno a los cuales se mueve el trabajo de investigación de la moderna filosofía de los valores. Finalmente, la superación fenomenológica crítico-positiva de la filosofía de los valores a la que aspiramos está metódicamente obligada a este rastreo-de-los-motivos porque esta es la única manera de comprender plenamente la inautenticidad parcial de los problemas.

a) El redescubrimiento del método trascendental por Cohen

Teniendo en cuenta las tres esferas de influencia mencionadas, se trata ahora de caracterizar los momentos típicos de la filosofía de los valores tal como emergieron en el trabajo filosófico de Windelband. Procediendo de

§ 3. Renovación de la filosofía kantiana

Lotze y Kuno Fischer, ya desde el principio Windelband tuvo una relación con la filosofía kantiana. Eso implicó a la vez una oposición a todo naturalismo. Pero fue solo a través del escrito de Cohen sobre *La teoría kantiana de la experiencia* —en el que en cierto modo redescubrió el sentido real de la *Crítica de la razón pura* de Kant— como el sentido estricto y original del método trascendental, de lo trascendental en general, fue llevado por primera vez a la conciencia filosófica de la época. A diferencia de todas [142] las distorsiones psicológicas y fisiológico-sensoriales de la teoría del conocimiento de Kant de aquella época, Cohen vio claramente el vínculo metodológico esencial entre la problemática de la *Crítica de la razón pura* y el hecho de las ciencias matemáticas de la naturaleza. El problema del conocimiento no tiene que ver con el proceso psicológico y fisiológico-genético de la ejecución de procesos cognoscitivos en el sujeto humano individual y tampoco con la realidad del mundo exterior, sino con la cuestión objetivamente metodológica acerca de la estructura de la ciencia matemática de la naturaleza dada previamente de manera objetiva. Más exactamente: se trata de preguntar hacia atrás, hacia los fundamentos lógicos de este conocimiento, hacia las condiciones lógicas, categoriales, de su posibilidad. No se trata de una cuestión acerca de unas realidades trascendentes, sino acerca de los fundamentos lógicos. Esta cuestión no es trascendente, sino trascendental. Este término especifica el carácter *metódico* de la problemática de la *Crítica de la razón pura*. Esta encuentra los elementos que constituyen el objeto del conocimiento y ve la objetualidad *[Gegenständlichkeit]* como la conexión de estos elementos, como la unidad de la multiplicidad de los fenómenos, cuya unidad no es ella misma sino la ley, la regla de la conciencia.

En esta renovación de la filosofía kantiana, comenzada con tales ideas fundamentales, Windelband intervino de forma autónoma y, bajo la influencia directa de Lotze, dio al método trascendental una nueva forma. (Cuando hoy se habla de escuelas neokantianas, se piensa principalmente en las dos renovaciones de la filosofía kantiana inauguradas por Cohen y Windelband). Los motivos de la interpretación kantiana de Windelband son transmitidos por Lotze y proceden originalmente de Fichte, quien, como todo el idealismo alemán, tuvo un fuerte impacto en Lotze, especialmente en sus comienzos. De esta manera se hace comprensible por qué Fichte desempeña un papel clave en la filosofía trascendental de los valores, hasta tal punto que casi se podría caracterizar [143] como neofichteanismo. Se trata, de hecho, de Fichte en su periodo crítico (alrededor del periodo entre 1794 y 1800), en el que se ciñó al pensamiento trascendental de Kant e interpretó en sentido crítico la razón teorética como esencialmente práctica. Por eso, Heinrich Rickert, discípulo de Windelband, llamó con razón desde su punto de vista a Fichte el «mayor de todos los "kantianos"».[3]

b) La razón práctica
como principio de todos los principios

Es la teoría de la primacía de la razón práctica, la fundación del pensamiento científico, teorético, en la fe

---

3. Heinrich Rickert, «Fichtes Atheismusstreit und die Kantische Philosophie» [«La polémica sobre el ateísmo de Fichte y la filosofía kantiana»], en *Kantstudien* IV, 1900, p. 166. Véase también el epígrafe característico de este ensayo (p. 137): «[...] aquí el punto que unifica y convierte en uno el pensar y el querer, y trae armonía a mi ser» (Fichte, 1798).

práctica y en la voluntad de verdad, lo que se convierte en la convicción filosófica fundamental de la filosofía de los valores y que de manera correspondiente modifica todo su desarrollo pudiendo ser comprendida científicamente de manera más precisa. En su primera *Lógica* (1843), *Lotze* subraya con fuerza: «Así como es cierto que la última necesidad fáctica solo puede ser adscrita satisfactoriamente a lo que, en aras de su valor para el espíritu moral, exige una afirmación incondicional y es capaz de soportarla, es igualmente cierto que el fin último de la filosofía debe ser comprender las formas de la lógica y sus leyes no como meras necesidades naturales factualmente presentes del espíritu, sino como fenómenos que proceden de *otra* raíz *superior* de la que depende esencialmente su necesidad».[4]

Windelband, ya en su tesis de habilitación, menciona expresamente que Fichte puso el «motivo ético»[5] en el centro de toda la filosofía. Y así [144] también Windelband concibe las leyes del pensamiento como aquellas «según las cuales *se debe [soll]* pensar si el pensar quiere convertirse en conocimiento».[6] «Las leyes lógicas [...] se le dan al alma como las normas que toda eficacia de las leyes naturales *debe* secundar y seguir». La ley lógica tiene una «apriridad normativa».[7]

También la interpretación de Kant que hace Windelband se mueve ahora en línea con esta convicción de la razón práctica como principio de todos los principios.

---

4. Rudolf Hermann Lotze, *Logik*, Leipzig, Weidmann, 1843, p. 7 [cursiva de M. Heidegger]; véase también p. 9.

5. Wilhelm Windelband, *Über die Gewissheit der Erkenntniss*, *op. cit.*, p. 54, nota.

6. *Ibid.*, p. 64.

7. *Ibid.*, p. 68.

La marcada acuñación de Cohen del método trascendental, de la modalidad del cómo *[Wie]* de la fundamentación del conocimiento, llevó a Windelband más allá a través de la caracterización cualitativa del quid *[Was]* de lo que subyace, del *a priori*. Mientras Cohen considera la *Crítica de la razón pura* más por su rendimiento como teoría de la experiencia, Windelband ve su tarea en la determinación de los *límites* de toda ciencia frente a la autonomía del mundo propio de lo práctico, de lo moral. Al mismo tiempo, este marcado énfasis en lo práctico repercute en la interpretación de lo teorético. El objeto está constituido por las leyes *a priori* del conocimiento científico. El sentido de la objetualidad es la *ley* de la constitución del objeto: el objeto es la regla de la conexión de las representaciones. La regla tiene carácter de norma. La objetualidad y la verdad del pensamiento se basan en su *normatividad*. La filosofía, en cuanto teorética, «ya no debe ser una copia del mundo; su misión consiste en elevar a la conciencia las normas que infunden valor y validez a todo pensamiento».[8] El objetivo último de esta filosofía es, por tanto, que el espíritu se haga consciente de su propia ley normativa en su comportamiento teorético. Es por ende inmediatamente evidente que la crítica del conocimiento cubre solo una mínima parte de esta autoconciencia del espíritu. [145] «Hay, en efecto, otras actividades del espíritu humano en las que, independientemente de todo saber, se revela

8. Wilhelm Windelband, «Immanuel Kant. Zur Säkularfeier seiner Philosophie (Vortrag)» (1881), en *Präludien. Aufsätze und Reden zur Einleitung in die Philosophie*, 5.ª ed., Tubinga, J. C. B. Mohr (Paul Siebeck), 1915, vol. I, p. 139 [trad. mod., «Immanuel Kant en el centenario de su filosofía», en *Preludios filosóficos. Figuras y problemas de la filosofía y de su historia*, Buenos Aires, Santiago Rueda, 1949, p. 98].

también la existencia de normas, la conciencia de que todo el valor de las diversas funciones se halla condicionado por ciertas reglas a las que debe someterse el movimiento de la vida individual. Al lado de las normas del pensamiento aparecen las normas de la voluntad y las del sentimiento: las tres ostentan los mismos derechos».[9] La teoría completa de los principios de la razón se cumple solo en las tres críticas juntas. Entonces la filosofía tiene la determinación «de ser la conciencia colectiva de los más altos valores de la vida humana».[10] Su problema es la validez de estos valores y normas; su método no es el psicológico-genético, sino el *teleológico*.[11] *Quaestio iuris*, no *quaestio factis*.[12]

Esta interpretación de Kant —es decir, la acentuación del carácter de valor también de la verdad teorética— hizo posible que Windelband llevara todas las esferas de problemas de la filosofía —la lógica, la ética y la estética—[13] a un sentido fundamental (cuestión de

9. Wilhelm Windelband, «Immanuel Kant...», *op. cit.*, pp. 139s [trad., p. 99].

10. *Ibid.*, p. 142 [trad., p. 101].

11. Véase mi curso sobre «Die Idee der Philosophie und das Weltanschauungsproblem», en Martin Heidegger, *Zur Bestimmung der Philosophie, Gesamtausgabe*, vol. 56/57, 2.ª ed., Fráncfort del Meno, V. Klostermann, 1999, pp. 31ss [*La idea de la filosofía y el problema de la concepción del mundo*, Barcelona, Herder, 2005, pp. 37ss].

12. Wilhelm Windelband, «Was ist Philosophie? (Über Begriff und Geschichte der Philosophie)» (1882), en *Präludien, op. cit.*, vol. I, pp. 26ss [«¿Qué es filosofía? Sobre el concepto y la historia de la filosofía», en *Preludios filosóficos, op. cit.*, pp. 18ss].

13. Windelband intenta superar la cuestión de lo sagrado y de la filosofía de la religión en su ensayo «Das Heilige (Skizze zur Religionsphilosophie)», en *Präludien, op. cit.*, vol. II, pp. 295-332 [«Lo sagrado. Bosquejo de una filosofía de la religión», en *Preludios filosóficos, op. cit.*, pp. 423-447]. Al respecto véase también Jonas Cohn, «Religion und

la conciencia normativa) y especificara ya desde muy pronto la idea de la filosofía como un sistema y una cosmovisión científica. La razón de esto radica en el vínculo inquebrantable establecido por la idea de valor con Fichte y las tradiciones de las grandes cosmovisiones del idealismo alemán. (La escuela de Marburgo, en cambio, cuya base Cohen estableció en el escrito mencionado, se demoró mucho y se limitó al trabajo positivo de la fundación [146] teorética de las ciencias y solo llegó lentamente y con dificultad al sistema. Véase el obituario de Natorp para Cohen en la conferencia de la *Kant-Gesellschaft* de 1918).[14]

c) La filosofía de los valores como filosofía crítica de la cultura

La filosofía tiene ahora su tarea específica en el conjunto de la vida del espíritu, una tarea que ninguna ciencia empírica puede disputarle y que al mismo tiempo encaja con la conciencia cultural del siglo XIX, es decir, evita cualquier especulación metafísica excesiva y busca su fundamento estable en los abismos *[im Bathos]* de la experiencia. En efecto, esta tarea está hecha a medida de la filosofía auténtica de este siglo, siglo de la ciencia de la naturaleza y de la historia. Posee en los valores universalmente válidos el marco científico sistemático, el campo desde el cual se puede interpretar esta *cultura* y

---

Kulturwerte» [Religión y valores culturales], en *Philosophische Vorträge*, publicado por la *Kant-Gesellschaft*, n.º 6, Berlín, 1914.

14. Paul Natorp, «Hermann Cohens philosophische Leistung unter dem Gesichtspunkt des Systems» [Los resultados filosóficos de Hermann Cohen desde el punto de vista del sistema], en *Philosophische Vorträge*, publicado por la *Kant-Gesellschaft*, n.º 21, Berlín, 1918.

en el que adquiere su propio sentido. La filosofía de los valores es la auténtica filosofía científica de la cultura, una filosofía que no tiene la atrevida ambición de crear nuevos valores, sino más bien de interpretar los bienes de la cultura que se perfila fácticamente en la realidad a través de la relación con los valores universalmente válidos. Ella es *crítica* en la medida en que «examina el material fáctico del pensamiento [en las ciencias dadas], de la voluntad, del sentir, desde el punto de vista del fin que constituye la validez general y necesaria». «Para mantenerse como ciencia independiente o para llegar verdaderamente a serlo, la filosofía no tiene más camino que el de aplicar el principio kantiano en toda su integridad y en toda su pureza».[15] La filosofía de los valores es la filosofía de la cultura que se basa en la filosofía crítica de Kant: es una filosofía trascendental de los valores, *«ciencia crítica de los valores absolutos»*.[16]

[147] El primer desarrollo de Windelband —y con él el de la filosofía de los valores— se inserta en el proceso de renovación de la filosofía kantiana, proceso que fue dirigido por Cohen hacia ámbitos científicos. Lo característico de la interpretación de Kant que hace Windelband: primacía de la razón práctica; razón teorética: regla, norma, valor; filosofía: ciencia crítica de los valores absolutos.

Sin embargo, no era posible conformarse con un seguimiento epigonal de Kant. Especialmente a raíz de la creciente penetración de la psicología empírica en las

15. Wilhelm Windelband, «Was ist Philosophie?...», *op. cit.*, pp. 27s [trad. mod., pp. 18 y 20].
16. *Ibid.*, p. 29 [trad., p. 20].

cuestiones filosóficas, era importante fundamentar la filosofía como una ciencia crítica de los valores absolutos partiendo de la cosa misma y prescindiendo de referencias históricas.

Una fundamentación de la filosofía siempre comenzará en la esfera teorética, en la teoría del conocimiento, en la lógica en el sentido más amplio. ¿Hay en su ámbito conocimientos de principio del tipo que fundamentan un edificio sistemático en el que la idea de valor pueda convertirse en el principio último de la estructura del sistema? Windelband ve tal fundamento gnoseológico en la distinción entre *juicio [Urteil]* y *evaluación [Beurteilung]*.

Hay que considerar: 1. [esta distinción] como medio teorético para sentar las bases generales de la filosofía de los valores y de su delimitación frente a otras ciencias; 2. su alcance para la particular profundización de problemas gnoseológicos específicamente lógicos.

[148] *§ 4. Juicio y evaluación*

a) La fundamentación de la distinción entre juicio y evaluación por Brentano

Así, el objeto de estas consideraciones crítico-fenomenológicas se ha aclarado provisionalmente a grandes rasgos volviendo a los motivos histórico-espirituales. Ahora se trata de seguir la configuración concreta y relativa al contenido de las tendencias de la filosofía de los valores en el marco del desarrollo de Windelband, teniendo en cuenta las otras dos fuerzas motrices filosóficas ya mencionadas: Brentano y Dilthey.

§ 4. Juicio y evaluación

El propio Windelband está convencido de que esta ciencia crítica de los valores universales «no es otra cosa que la plena realización de la idea fundamental kantiana».[1] Pero también de que la necesidad de una ciencia tan específica puede demostrarse de manera convincente «sin las fórmulas de la doctrina kantiana».[2] Windelband ofrece esta fundamentación puramente sistemática de la filosofía de los valores en su ensayo «¿Qué es filosofía?» (1882).

La posibilidad de fundamentar sistemáticamente en este sentido la filosofía como ciencia de los valores se basa en la importante *«diferencia entre juicio y evaluación».*[3] La realización y la fundamentación de esta diferencia, que es últimamente fundamental para la filosofía de los valores, se basan en la *adopción* y *reelaboración* de unas ideas fundamentales de *Franz Brentano.* La importancia de estas segundas fuerzas motrices que determinan el desarrollo de la filosofía de los valores la subrayo de manera muy marcada por *dos razones:* por un lado, en la filosofía de los valores de Windelband, y también inicialmente en Rickert, la influencia de Brentano está claramente subestimada, o al menos [149] inicialmente no es admitida de manera explícita sino solo mencionada incidentalmente con la indicación de que Brentano había llamado la atención sobre dicha diferencia «desde el punto de vista psicológico», «aunque en forma barroca».[4] En su lugar, se hace referencia a *Sigwart* y Bergmann. Dicho sea de paso, Sigwart opina

1. Wilhelm Windelband, «Was ist Philosophie?...», *op. cit.*, p. 29 [trad. mod.].
2. *Ibid.*
3. [N. de los T.] *Ibid.*, p. 32 [trad. mod., p. 22].
4. *Ibid.*, p. 32, nota [trad. mod., nota].

acerca de esta prioridad que se le atribuye de manera exactamente opuesta.[5]

Rickert retoma este juicio de Windelband en su *El objeto del conocimiento* de 1892.[6] Sin embargo, se encuentra un cambio notable en la tercera edición, de 1915, donde, de repente, Brentano no solamente se menciona en las notas a pie de página, sino de manera explícita en el cuerpo del texto, introducido con esta frase: «A este respecto, Franz Brentano tiene sin duda grandes méritos: él trató nuestra cuestión de manera exhaustiva y mostró claramente que juzgar no es representar».[7] Si indico esto no es por una mera disputa acerca de quién lo dijo primero: la razón concreta es obtener una comprensión auténtica del desarrollo de la filosofía de los valores hacia la que el propio Rickert se ve impulsado, como muestra el cambio en su postura. Con esto se relaciona estrechamente la segunda razón por la que he subrayado con insistencia la influencia de Brentano.

La diferencia antes mencionada entre juicio y evaluación no solo ha sido adoptada por Windelband como la diferencia central para una primera exposición de la idea de la filosofía de los valores a partir de los estudios de Brentano, sino que también es la base de las investigaciones sobre la lógica que Windelband llevó a cabo en sus «Contribuciones a la teoría del juicio negativo» y en el ensayo «Sobre el sistema de las categorías».[8] Y lo

---

5. Christoph Sigwart, *Logik* [Lógica], 4.ª ed. revisada, vol. I, Tubinga, J. C. B. Mohr (Paul Siebeck), 1911, p. 162, nota.

6. Heinrich Rickert, *Der Gegenstand der Erkenntni* [El objeto del conocimiento], Friburgo, J. C. B. Mohr (Paul Siebeck), 1.ª ed., 1892, p. 50; 2.ª ed., 1904, p. 91.

7. *Ibid.*, 3.ª ed., 1915, p. 172.

8. Wilhelm Windelband, «Beiträge zur Lehre vom negativen Ur-

[150] importante es que este tratado[9] tuvo un efecto decisivo en las posteriores investigaciones sistemáticas en teoría del conocimiento en el marco de la filosofía de los valores de Rickert y de su discípulo *E. Lask*, quienes van mucho más allá que Windelband. La cuestión que este escrito planteaba para Rickert y para Lask era la del tratamiento, por parte de la filosofía de los valores, del problema gnoseológico de la trascendencia y de la teoría del conocimiento en general y, al mismo tiempo, ya que esta última se considera la base de la filosofía en general, el escrito se convierte en el fundamento de la problemática actual de la filosofía de los valores.[10]

Dado que, por un lado, nuestras consideraciones crítico-fenomenológicas justamente se refieren solo al

---

teil» [Contribuciones a la teoría del juicio negativo], en *Straßburger Abhandlungen zur Philosophie. Eduard Zeller zu seinem siebenzigsten Geburtstage* [Tratados estrasburgueses de filosofía. Homenaje a Eduard Zeller para su septuagésimo aniversario], Friburgo y Tubinga, J. C. B. Mohr (Paul Siebeck), 1884, pp. 165-196; Wilhelm Windelband, «Vom System der Kategorien» [Del sistema de las categorías], en *Philosophische Abhandlungen. Christoph Sigwart zu seinem siebzigsten Geburtstage* [Tratados filosóficos. Homenaje a Christoph Sigwart para su septuagésimo aniversario], Tubinga, J. C. B. Mohr (Paul Siebeck), 1900, pp. 41-58.

9. [N. del editor alemán] Wilhelm Windelband, «Beiträge zur Lehre vom negativen Urteil».

10. Véase también a este respecto el ensayo «Logik» [Lógica] de Windelband en el volumen celebrativo para Kuno Fischer: Wilhelm Windelband (ed.), *Die Philosophie im Beginn des zwanzigsten Jahrhunderts* [La filosofía a principios del siglo XX], Heidelberg, C. Winter, 1.ª ed.: 1904, 2.ª ed.: 1907, pp. 183-207. Las contribuciones tardías «Die Prinzipien der Logik» [Los principios de la lógica], en Arnold Ruges, *Encyclopädie der philosophischen Wissenschaften*, vol. I: *Logik*, Tubinga, J. C. B. Mohr (Paul Siebeck), 1912, pp. 1-60 y su *Einleitung in die Philosophie* [Introducción a la filosofía], Tubinga, J. C. B. Mohr (Paul Siebeck), 1914, las mencionaremos más adelante.

tratamiento mucho más sistemático del problema en Rickert y en Lask y que, por otro lado, Husserl, el descubridor de la problemática y del método fenomenológicos, es *discípulo de Brentano* —el cual no supo nada de fenomenología y tampoco participó de ella *a posteriori*—, considero ineludible, por razones tanto sistemáticas como histórico-espirituales, abordar a este respecto algunas de las ideas de Brentano. De esta manera, se vuelven comprensibles a raíz de un origen común la diferencia cualitativa entre la influencia de Brentano y la divergencia de la dirección de la investigación. Por tanto, presento la confrontación característica entre la filosofía de los valores y Brentano ahí donde paso de una comprensión histórico-espiritual a una investigación crítico-fenomenológica de algunos problemas fundamentales.

[151] b) Juicio y validez (Windelband)

Veamos ahora más de cerca la diferencia de Windelband entre juicio y evaluación tanto en su significado para la fundamentación general de la filosofía de los valores como con respecto al tratamiento de problemas puramente lógicos relativos al juicio y a las categorías. A continuación, en un primer momento me limito a presentar la cuestión sin tomar posición críticamente, aunque según un orden que tiene una íntima conexión con lo que sigue. (No considero superfluo señalar que no puedo hacer las exposiciones de Windelband más comprensibles de lo que él mismo ha hecho).

«Todas las proposiciones por medio de las cuales expresamos nuestras ideas pueden agruparse en dos clases claramente distintas a pesar de la aparente afinidad gramatical de sus respectivos nombres: los *juicios [Urteile]* y las *evaluaciones [Beurteilungen]*». En ambos se «expresa» algo fundamentalmente diferente. En los juicios, en efecto, se expresa «la pertenencia recíproca entre dos contenidos de representaciones»; en las evaluaciones, una «relación entre la conciencia evaluadora y el objeto representado» (la intencionalidad oculta que se esconde en lo expresado en el juicio). Aunque la forma gramatical de las dos frases «esta cosa es blanca» y «esta cosa es buena» es exactamente la misma, hay una diferencia fundamental entre ellas, justamente la mencionada anteriormente.[11]

La relación predicativa es en general la misma en ambos casos. El predicado, sin embargo, es diferente. El predicado del juicio es una «determinación establecida y tomada del contenido de aquello que objetivamente nos representamos»; el predicado de la evaluación es «una relación que se refiere a una conciencia que plantea fines *[zwecksetzend]*».[12] La evaluación expresa el sentimiento de aprobación o, en su caso, de desaprobación «con el que la conciencia evaluadora se pronuncia acerca del objeto representado». Los predicados de la evaluación [152] son «manifestaciones de agrado o de disgusto» (un concepto es verdadero o falso, una acción es buena o mala, etcétera). La evaluación no amplía a nivel de contenido el conocimiento del objeto; más bien, este debe ser representado «del todo» antes de que tenga en general sentido evaluarlo.[13] El predicado de la evaluación no reside en el sujeto; solo se le atribuye con respecto a

---

11. Wilhelm Windelband, «Was ist Philosophie?...», *op. cit.*, p. 29 [trad. mod., p. 20].

12. *Ibid.* p. 30 [trad. mod., p. 20].

13. *Ibid.* [trad. mod., p. 21].

una medida: un fin *[Zweck]*. «Toda evaluación presupone como su propia medida un determinado fin y solo tiene sentido y razón de ser para quien reconoce ese fin».[14]

Todas las proposiciones del conocimiento ya son una combinación de juicio y evaluación; son conexiones de representaciones sobre cuyo valor de verdad se decide por afirmación o negación.[15] El juicio puramente teorético, la mera combinación de representaciones que no está afectada por una evaluación, se da solo en la pregunta y en el así llamado juicio problemático.[16]

Con la ayuda de la diferencia mencionada, se pueden ahora delimitar claramente el objeto de la filosofía y su método respecto a las demás ciencias. Las ciencias matemáticas, descriptivas y explicativas *buscan establecer todo el alcance del contenido de lo que hay que afirmar*, lo que se debe afirmar, las concretas proposiciones cognoscitivas que *efectúan* afirmaciones. En este ámbito no queda ningún sitio para la filosofía: ella no es matemática, ni descriptiva, ni explicativa. En nombre de la filosofía inaugurada por Kant, Windelband incluso protesta contra la «opinión superficial» que hace pasar por filosofía las investigaciones psicológicas.[17] ¡Lo extraño aquí, sin embargo, es que Windelband toma su distinción fundamental [153] a raíz de una «psicología *desde el punto de vista empírico*»!

El objeto específico de la filosofía son las evaluaciones mismas, pero no como objeto de una consideración del tipo de las ciencias empíricas. «Esto es asunto de la

14. Wilhelm Windelband, «Was ist Philosophie?...», *op. cit.*, p. 31 [trad., p. 21].
15. *Ibid.*, p. 32 [trad., pp. 21-22].
16. *Ibid.*, p. 31 [trad., p. 22].
17. *Ibid.*, p. 36 [trad., p. 24].

psicología y de la historia de la cultura».[18] Como hechos empíricos las evaluaciones están «simplemente ahí» y no difieren de ninguna manera de otros objetos psíquicos o físicos. Sin embargo —y en esto consiste «el hecho fundamental de la filosofía»— tenemos el convencimiento «de que existen ciertas evaluaciones *que valen de manera absoluta, aunque no lleguen a obtener un reconocimiento o, de facto, no lo obtengan de un modo universal*».[19] Toda evaluación de una conexión de representaciones en cuanto verdadera conlleva en sí misma el presupuesto de una medida absoluta que debe valer para todos. «Y otro tanto podemos decir en lo que se refiere al campo de la ética o al de la estética».[20] La pretensión de validez absoluta de estas evaluaciones las distingue de las miles de evaluaciones del sentimiento individual, de las así llamadas evaluaciones hedonísticas.[21] «Nadie presupone para sus sensaciones de agrado o desagrado una validez universal».[22] De acuerdo con las tres formas de evaluación que reclaman validez absoluta, hay tres ciencias filosóficas fundamentales: la lógica, la ética y la estética. En ellas debe «comprobarse» esta pretensión de validez universal tal como está presente en los conocimientos fácticos.[23] ¿Ahora bien, por medio de «qué procedimiento científico» se lleva a cabo esta «comprobación crítica»? Según lo anterior, ¡la filosofía no es matemática, ni descriptiva, ni explicativa!

18. Wilhelm Windelband, «Was ist Philosophie?...», *op. cit.*, p. 34 [trad. mod., p. 24].
19. *Ibid.*, p. 37 [trad. mod., p. 25].
20. *Ibid.* [trad. mod.].
21. *Ibid.*, p. 38 [trad., p. 27].
22. *Ibid.*, p. 39 [trad. mod., p. 26].
23. *Ibid.*, p. 40 [trad., p. 27].

En primer lugar, hemos de aclarar el carácter de *validez universal* (!) presupuesto. No es ninguna validez [154] fáctica. Es completamente irrelevante cuántas personas reconocen fácticamente una verdad: la validez general es una validez ideal, una validez que *debería* ser.[24]

También «la *necesidad* con que sentimos la validez de las determinaciones lógicas, éticas y estéticas» no es la necesidad de un tener-que *[Müssen]* causal, la necesidad fáctica del «no-poder-ser-de-otro-modo» *[Nichtanderskönnen]*, sino una necesidad del «deber» *[Sollen]*, del «no-tener-permiso-para-ser-de-otro-modo» *[Nichtandersdürfen]*.[25] La filosofía tiene que «establecer» los principios de las evaluaciones lógicas, éticas y estéticas[26] (de hecho, debería «comprobar» críticamente en general la pretensión {de validez}, los criterios de las proposiciones de validez). Sin embargo, no se puede encontrar «un criterio de lo que debe *[soll]* valer» (¡confuso!) por medio de investigaciones psicológicas e histórico-culturales de las evaluaciones factuales. Por otro lado, estamos todos convencidos, «todos nosotros creemos […] que […] existe una legitimidad de lo que es necesario en un sentido superior, que *debería* valer para todos».[27] Dondequiera que la conciencia empírica «descubre dentro de sí» esta necesidad ideal del deber «tropieza con una *conciencia normativa*».[28] La filosofía es «la reflexión sobre esta conciencia normativa, la investigación científica llamada a decir cuáles de las determinaciones de contenido

---

24. Wilhelm Windelband, «Was ist Philosophie?...», *op. cit.*, p. 42 [trad., p. 29].
25. *Ibid.*
26. *Ibid.*, p. 43 [trad., p. 29].
27. *Ibid.* [trad. mod., pp. 29-30].
28. *Ibid.*, p. 44 [trad., p. 30].

y de las formas de la conciencia empírica poseen el valor de conciencia normativa».[29] Como ciencia de la conciencia normativa, cuyo reconocimiento es su presupuesto, «investiga hasta el fondo» (?) «la conciencia empírica [!] para establecer [!] en qué puntos de ella aparece aquella validez universal».[30] La «conciencia en general» es, por tanto, un sistema de normas que, en primer lugar, hacen posibles las evaluaciones universalmente válidas.[31]

[155] En la última frase se expresa de manera inequívoca la reinterpretación de Kant que lleva a cabo la filosofía de los valores con la ayuda de la distinción antes mencionada. Al mismo tiempo se vuelve claro cómo esta distinción fundamenta y orienta el proyecto sistemático de la filosofía de los valores. La sistemática de la filosofía de los valores se basa, respecto a su viabilidad, sobre todo en que la verdad es considerada un valor y el conocimiento teorético es visto como un comportamiento práctico sujeto a una norma. La certeza de este fundamento se demuestra, por tanto, sobre todo en un posible tratamiento por parte de la filosofía de los valores, incluso de los problemas lógicos. A este respecto, el tratado de Windelband sobre el juicio negativo se ha vuelto significativo para el desarrollo posterior de la filosofía de los valores. Él también se basa en la distinción entre juicio y evaluación. Haré una breve presentación de los puntos esenciales.

29. Wilhelm Windelband, «Was ist Philosophie?...», *op. cit.*, p. 45 [trad. mod., p. 31].
30. *Ibid.*, p. 46 [trad. mod., p. 31].
31. *Ibid.* [trad., p. 32].

c) El tratado de Windelband sobre el juicio negativo: determinación científica de las formas del juicio

Con Lotze y Sigwart, Windelband ve la insuficiencia de la lógica formal kantiana en la adopción dogmática y sin previo análisis de las formas del juicio de la lógica escolástica aristotélica y tradicional. Junto a esta se encuentra inmediatamente la nueva lógica trascendental, la lógica formal opuesta a la lógica material, es decir, la lógica gnoseológica, cuyas nuevas ideas quedan parcialmente desfiguradas por el hecho de que Kant «calca» *[abliest]* los elementos básicos trascendentales a partir de las categorías, de la tabla de los juicios fundada dogmática y acríticamente. «Él quitó a las formas analíticas de la lógica general cualquier fuerza cognoscitiva concreta [...]: por otro lado, asignó a las formas sintéticas de la lógica trascendental el valor constitutivo para el mundo fenoménico en su conjunto, valor que la vieja metafísica atribuía a las formas analíticas para las cosas en sí».[32] Una reforma de la lógica se enfrenta, por tanto, a la tarea de [156] establecer la verdadera conexión entre la lógica formal y la trascendental, lo que solo puede ocurrir si se captan de manera conceptualmente correcta los fenómenos fundamentales de la lógica: los *juicios*.

«La lógica es teoría del juicio».[33] A partir de aquí, de la estrecha conexión entre la doctrina del juicio y la doctrina de las categorías —conexión que era fundamental ya en la *Crítica de la razón pura*—, se puede entender el motivo de la ulterior contribución de Windelband a la

32. Wilhelm Windelband, «Logik», en *id.* (ed.), *Die Philosophie im Beginn des zwanzigsten Jahrhunderts, op. cit.*, p. 184.
33. *Ibid.*, p. 189.

lógica.[34] Un asunto fundamental de la teoría del juicio, la «cuestión cardinal», es la tabla de los juicios, es decir, la división de los juicios, la cuestión del *«principium divisionis».*[35] Un punto de vista al cual se recurre desde hace mucho tiempo es el de la cualidad: la división de los juicios en afirmativos y negativos.

Para la determinación científica de las formas del juicio cualitativamente diferenciadas, Windelband quiere ahora sacar provecho de su ya mencionada distinción entre juicio y evaluación y, gracias a ella, hacer progresar un problema decisivo de la lógica. Windelband señala cómo la lógica contemporánea (Sigwart, Lotze, Bergmann) reconoce cada vez más, a diferencia de la objetivación metafísica, la *negación* como un fenómeno *subjetivo*, como una «forma de relación de la conciencia» y no como una relación real en el sentido de una separación. Sigwart consideró el juicio negativo como un «rechazo» del «correspondiente juicio positivo» posible o buscado —por consecuencia, el juicio negativo «a no es b» es un juicio doble; significa: «el juicio "a es b" es falso»—.[36] Aquí interviene Windelband con su distinción. El juicio negativo no es a su vez un juicio (esta concepción condujo a un *regressus in infinitum*), sino una evaluación, es decir, no una conexión de representaciones en la que, por decirlo de alguna manera, aparecería «inválidamente» *[ungültig]* el predicado, sino

34. Wilhelm Windelband, «Vom System der Kategorien», en *Philosophische Abhandlungen. Christoph Sigwart zu seinem siebzigsten Geburtstage, op. cit.*

35. *Id.*, «Beiträge zur Lehre vom negativen Urteil», en *Straßburger Abhandlungen zur Philosophie. Eduard Zeller zu seinem siebenzigsten Geburtstage, op. cit.*, p. 168.

36. *Ibid.*, pp. 169s.

un juicio «*sobre* el *valor de verdad* de un [157] juicio»,[37] una evaluación con respecto a... «Falso» no es un contenido representacional, sino una relación: la posición de la conciencia frente a un contenido. Y Windelband ha caracterizado la *evaluación* como la «reacción de una conciencia volitiva y sintiente ante un determinado contenido de representación».[38] Comportamiento práctico, entonces, y como tal, alternativo. «La evaluación lógica del valor de las representaciones, que tiene lugar en el juicio, debe ser atribuida al lado práctico de la vida psíquica y [...] el valor de verdad debe coordinarse con los demás valores. La disyunción de lo verdadero y lo falso, la relación de evaluación alternativa de las representaciones respecto del valor de verdad es el hecho psicológico [!] fundamental de la lógica».[39]

El juicio afirmativo y el negativo son «especies coordinadas». La pregunta ahora es saber «si hay que poner *todavía otras formas junto a ellas*». Para tomar una decisión al respecto, hay que tener en cuenta «la afinidad entre la actividad evaluadora y las funciones del sentimiento y de la voluntad». «Como todo sentimiento es de placer o disgusto, toda voluntad es desear [!] o aborrecer [!], así todo juicio es afirmar o negar». Pero esta comparación implica todavía más. «Como todas las funciones del aprobar o rechazar», también la evaluación «tiene la posibilidad de una diferenciación gradual». «El "sentimiento de convicción" (o la "certeza") está, como todos los sentimientos, dispuesto en distintos grados». Así es como el concepto de *probabilidad* se vuelve com-

37. Wilhelm Windelband, «Beiträge zur Lehre...», *op. cit.*, p. 170 [cursiva de M. Heidegger].

38. *Id.*, «Was ist Philosophie?...», *op. cit.*, p. 34 [trad. mod., p. 24].

39. *Id.*, «Beiträge zur Lehre...», *op. cit.*, pp. 173s.

prensible. La certeza debe entenderse como un «estado emotivo».[40] Toda evaluación lógica tiene en sí certeza, un sentimiento de convicción.

La gradualidad en la intensidad de la certeza afecta tanto al juicio negativo como al positivo. Ambos pueden [158] pensarse en cierto modo como los dos «puntos finales de la plena certeza» que, a través del empobrecimiento progresivo, se acercan a un «punto de indiferencia» en el que no hay ni afirmación ni negación. Este *punto cero de la evaluación lógica* es «de gran importancia para la teoría de la cualidad de los juicios». Tampoco él, de hecho, es unívoco. «La indiferencia [...] entre reacción positiva y negativa puede [...] ser una indiferencia *total o crítica*».[41]

Hay total indiferencia donde en general no se lleva a cabo ningún juicio, en todos los «procesos representativos» que se desarrollan sin ninguna consideración por su valor de verdad; la lógica no tiene en absoluto que tenerlos en cuenta porque las investigaciones lógicas presuponen siempre la «relación de los nexos representativos con la evaluación de la verdad».[42] Solo la *pregunta* pertenece a este caso; en ella se efectúa el nexo de las representaciones. Ella se relaciona con la evaluación de la verdad, *pero esta evaluación no se lleva a cabo*. La pregunta contiene la parte teorética del juicio, pero no la práctica; es una conexión de representaciones que exige que se tome una decisión sobre el valor de verdad.[43] Cuando se considera que la esencia del juicio es

40. Wilhelm Windelband, «Beiträge zur Lehre...», *op. cit.*, pp. 185s.
41. *Ibid.*, p. 187 [cursiva de M. Heidegger].
42. *Ibid.*
43. *Ibid.*

la evaluación (decisión de valor), la pregunta es la *etapa previa* del juicio. (Es ella misma un juicio y debe ser coordinada con la afirmación y la negación si, con Lotze, se considera que la esencia del juicio es la conexión de las representaciones). No ocurre lo mismo con la indiferencia crítica que ya ha pasado por la pregunta y en la que han emergido razones suficientes para ni afirmar ni negar. Este «estado de incertidumbre» encuentra su expresión en el «así llamado juicio problemático». «A puede ser b» —que equivale a «a puede no ser b»— es realmente un juicio problemático si significa que no se debe decir nada (!) sobre la validez del nexo representativo a = b. [159] Como la pregunta, el juicio problemático también contiene el momento teorético del juicio: «el nexo representativo efectuado, pero al mismo tiempo una expresa *suspensión de la evaluación*». Al contrario de la pregunta, el juicio problemático es «un acto real de conocimiento». ¡¡En ello, de hecho, se ha *afirmado* que nada debe ser declarado!! ¡Abstenerse de tomar una decisión es justamente «una decisión plena»![44] La única pregunta es si hay aquí algo *esencialmente nuevo*. ¡Es una toma de posición acerca de una toma de posición! Según la cualidad, hay juicios afirmativos, negativos y problemáticos; al mismo tiempo se aclara también la posición de la pregunta. Juzgar: *conexión* de representaciones cuyo valor de verdad debe ser decidido en la evaluación. *Relación – cualidad.*

44. Wilhelm Windelband, «Beiträge zur Lehre...», *op. cit.*, pp. 189s.

§ 5. La contribución a la teoría de las categorías.
La lógica como teoría de la relación.
Categorías reflexivas y constitutivas

Todavía hemos de considerar brevemente la contribución de Windelband a la teoría de las categorías. Ya hemos visto, en la consideración de la interpretación de Kant que hace Windelband,[1] que la objetualidad se constituye según una regla de la conexión de las representaciones, la *síntesis*. Desde la *Crítica de la razón pura* de Kant, este concepto constituye, según Windelband, «el último principio de toda filosofía teorética».[2] La conciencia puede entonces ser definida como la función del relacionar. Incluso las impresiones más simples y más pobres en cuanto a relación siempre contienen una «multiplicidad unificada».[3] Las actividades del pensamiento sobre todo (como también ya el representar sensible) consisten «en una representación o afirmación de relaciones entre [160] una pluralidad más o menos amplia de momentos específicos». Frente a los contenidos específicos y combinados, las relaciones son «algo distinto», algo que no puede deducirse de los contenidos y que, sin embargo por otra parte, depende completamente del uso de estos últimos. *Por medio de la reflexión*, las formas de relación se hacen independientes de los contenidos; en el uso real, sin embargo, depende de

1. *Supra* § 3, pp. 37ss [140ss].
2. Wilhelm Windelband, «Vom System der Kategorien» [Del Sistema de las categorías], en *Philosophische Abhandlungen. Christoph Sigwart zu seinem siebzigsten Geburtstage*, *op. cit.*, p. 43.
3. *Ibid.*, p. 44; véase *ibid.*, pp. 43s: «las consideraciones psicológicas [!] brutas y primitivas».

los contenidos «en qué relaciones pueden o deben ser colocados por la conciencia sintética».[4]

«En esas relaciones y dependencias especialmente complicadas entre formas y contenidos de la conciencia se encuentran los problemas más profundos y más difíciles de la psicología trascendental y de la teoría del conocimiento». Con esto, Windelband quiere resaltar la posición central de la síntesis en el todo de la problemática de la filosofía trascendental y hacer comprensibles las razones por las cuales, en su *«Esbozo para un sistema de las categorías»*,[5] toma ese centro como punto de partida.

Por *«categorías»* Windelband no entiende otra cosa que esas formas sintéticas de la conciencia, «las relaciones en las cuales contenidos dados intuitivamente son vinculados los unos a los otros por la conciencia unificadora». En el juicio, sujeto y predicado están en relación por medio de las categorías y se explicita el valor de verdad de esa misma relación. «El juicio decide si esa unión debe «valer»». (Un concepto solo se vuelve saber en un juicio realizado). De esta manera la tarea de la lógica se concentra sobre el *nexo sistemático de relaciones*, «sobre la teoría de la *relación*».[6] Es en ella, junto con la cualidad, donde Windelband busca ahora el único fundamento relevante de la distinción entre los juicios.[7] El punto de vista de la «modalidad» pertenece a la cualidad, el de la cantidad no pertenece en absoluto a la lógica pura, sino más bien, [161] en cuanto elemento muy importante, a

4. Wilhelm Windelband, «Vom System der Kategorien», *op. cit.*, p. 44.

5. *Ibid.*, pp. 44s.

6. *Ibid.*, pp. 45s.

7. Véase también *id.*, «Logik», *op. cit.*, p. 192.

la metodología. ¿Cuál es ahora el principio del sistema de las categorías? En efecto, hemos de preguntar si no se trata de una mera acumulación casual y empírica de categorías.

«Los procesos cambiantes del pensamiento sintético nos enseñan» que la función relacional del pensamiento y las representaciones que configuran su contenido «se mueven libremente» la una respecto de la otra; diferentes contenidos pueden entrar en la misma relación, y el mismo contenido puede estar en diferentes relaciones. Si hablamos así de la «relación de la conciencia con el ser, entonces significa esto la independencia del contenido de conciencia frente a la función de la conciencia». Este es el significado de la categoría «ser».[8]

«Los hechos del recuerdo demuestran —vistos desde la experiencia interna— que el contenido representativo es independiente de aquella función capaz de dirigirse sobre él de manera cambiante, capaz de dejarlo y de volver a tomarlo».[9] De nuevo, esta proposición es típica de la manera tosca y no metódica de la «psicología trascendental», que no ve los verdaderos problemas.

Desde esta articulación de conciencia y ser —¡que precisamente no consigue ver el «ser» en su específico carácter de conciencia y de vivencia!—, Windelband descubre una diferencia fundamental que condiciona de la manera más sencilla el sistema de las categorías en su articulación. Al «añadir la función de conciencia a los contenidos independientes de ella», las relaciones que aparecen (como sus formas: las categorías) podrían

---

8. Wilhelm Windelband, «Vom System der Kategorien», *op. cit.*, p. 47.
9. *Ibid.*

valer ora como las que corresponden a los contenidos *mismos* —que, de esta manera, son «tomadas y retomadas» desde la conciencia—, ora como las relaciones en las cuales los contenidos aparecen solamente porque han sido llevados a ellas por la conciencia. En el primer caso, las categorías tienen [162] una validez objetual (objetiva), en el segundo, una validez solamente representada (entendiendo correctamente: subjetiva). La relación de inherencia vale como real, pero no así la de la pura identidad o diferencia, por ejemplo, entre color y sonido. «No pertenece nunca al ser efectivo en sí de un contenido el ser idéntico o diferente de otro».[10] «Llegan» a esa relación únicamente gracias a la conciencia misma.

De esta manera se dan dos grupos principales de categorías: las reflexivas y las constitutivas. Las reflexivas reconducen a la «actividad combinatoria» (reflexión) de la conciencia, las constitutivas indican vínculos *reales* de los elementos representativos. En las formas reflexivas se presenta en su mayor pureza la esencia inmanente de la conciencia. En cambio, «todas las formas constitutivas de relación son modificadas por la relación trascendente respecto al "ser" independiente propio de los contenidos».[11]

No entraré más a fondo en la deducción de las categorías específicas de ambos grupos. Solo hay que prestar atención a la separación entre forma y contenido, su

10. Wilhelm Windelband, «Vom System der Kategorien», *op. cit.*, p. 48.
11. *Ibid.*, p. 50. Véase Rudolf Hermann Lotze, *Logik. Drei Bücher vom Denken, vom Untersuchen und vom Erkennen* [*Lógica. Tres libros sobre pensamiento, investigación y conocimiento*] (1874), ed. por G. Misch, Leipzig, 1912, libro III, cap. 4: «Significado real y formal de lo lógico».

interpretación en relación con la conciencia y su función como principio de la deducción de las categorías. En el ensayo «Lógica» (en el homenaje a Kuno Fischer), Windelband ofrece una visión general del desarrollo de la lógica en el siglo XIX desde Kant. Más allá de lo expuesto hasta aquí no hay nada nuevo, salvo la nota sobre «la acentuación del lado metodológico de la lógica».[12] La renovación de la filosofía kantiana, sobre todo por medio de los de Marburgo, quienes, por vez primera, han interpretado de forma exhaustiva la *Crítica de la razón pura* como una teoría de la ciencia —y cuyos méritos Windelband considera del todo irrelevantes—, tuvo como efecto un tratamiento intensivo de los problemas metodológicos (Windelband hace referencia sobre todo a Sigwart y [163] Lotze). Aquí, Windelband subestima completamente los méritos de *Dilthey*. Este último afrontó el problema de una crítica de la razón histórica de una forma más amplia, quizás no tanto desde la renovación de Kant sino más bien desde fuentes más profundas, en línea con el movimiento alemán (sobre todo con Schleiermacher) y con el desarrollo de la conciencia histórica. Esto lo hizo alrededor de una década *antes* de que Windelband pronunciara en 1894 en Estrasburgo su famoso discurso de rectorado sobre «Historia y ciencia de la naturaleza».

12. Wilhelm Windelband, «Logik», *op. cit.*, p. 195.

§ 6. La incorporación del problema de la historia en la filosofía de los valores

Con esto llegamos al tercer motivo decisivo para el carácter y la orientación del desarrollo de la moderna filosofía trascendental de los valores, más concretamente para el problema de la historia que en ella desempeña un papel en varios sentidos. Gracias a la incorporación de *este* problema se vuelve comprensible hasta qué punto la filosofía de los valores lleva en su propia sistemática la tendencia a devenir la moderna filosofía de la cultura κατ' ἐξοχήν. Presento en primer lugar una caracterización sucinta de las intenciones de Dilthey que, aunque parezca que sea en un sentido antitético, han tenido sin duda una influencia sobre Windelband.

La personalidad intelectual de Dilthey se sitúa en perfecta continuidad con el contexto de las ciencias del espíritu elaborado por la Escuela histórica —que, en sentido amplio, empieza con Herder y Winckelmann y llega a Wolf, Niebuhr, Savigny, Grimm, Humboldt, Schleiermacher, Boeckh, Ranke, etcétera— y con el mundo histórico del idealismo alemán que ha crecido juntamente con ella.

[164] a) Ciencias de la naturaleza y ciencias del espíritu. La fundamentación de Dilthey de una psicología descriptiva

El despertar de la conciencia histórica y su emancipación frente a la autoridad tanto de la metafísica como de las ciencias de la naturaleza no es sino el primer avistamiento auténtico del crecimiento fundamental y característico de *todos* los hechos espirituales. Desde esta emancipación surge la tarea básica sucesiva de la fundación propiamente filosófica. Comte y Stuart Mill intentaron resolver el enigma de la conciencia histórica y dar cuenta de los datos de las ciencias del espíritu sometiéndolos al conjunto de principios de las ciencias de la naturaleza; un intento que fue inmediatamente considerado como inadecuado por parte de las ciencias del espíritu y de sus investigadores, aunque ellas no disponían de las verdaderas herramientas filosóficas para una refutación del dogmatismo metodológico de las ciencias de la naturaleza. Apoyándose en los datos de las ciencias históricas del espíritu en desarrollo, así como en el conjunto de la realidad viva, del valor y de los fines, Dilthey busca entonces, en su *Introducción a las ciencias del espíritu* (1883),[1] exponer la posición autónoma de las ciencias del espíritu frente a las ciencias de la naturaleza, descubrir el nexo lógico y gnoseológico que radica en las ciencias del espíritu y hacer valer la importancia de la aprehensión de lo singular.

Así se vuelve decisiva la «autorreflexión»[2] del espíritu, «el estudio de las formas de la vida espiritual mediante la descripción».[3] «Solamente en la autorreflexión encontramos en nosotros la unidad de la vida y su continuidad, la cual lleva y sostiene todas estas relaciones».[4] De esta manera se obtienen principios y

1. Wilhelm Dilthey, *Einleitung in die Geisteswissenschaften. Versuch einer Grundlegung für das Studium der Gesellschaft und der Geschichte*, tomo 1, Leipzig, Dunker & Humblot, 1883 [*Introducción a las ciencias del espíritu. En la que se trata de fundamentar el estudio de la sociedad y de la historia*, Ciudad de México, FCE, 1980].
2. *Ibid.*, introducción, p. 33 [trad. mod., p. 35].
3. *Ibid.*, p. 40 [trad., p. 41].
4. *Ibid.*, p. 109 [trad. mod., p. 90]; véase p. 117 [trad., p. 96].

proposiciones que dan fundamento a la edificación del mundo histórico en [165] las ciencias del espíritu. La ciencia fundamental es la antropología y la psicología, pero no la psicología explicativa que formula hipótesis siguiendo la metodología de las ciencias de la naturaleza, sino la psicología como ciencia descriptiva,[5] una ciencia que, en primer lugar, hay que crear y por la cual Dilthey mismo se esforzó toda su vida. Por la idea de esa ciencia le debemos a Dilthey intuiciones valiosas, aunque él no pudo alcanzar sus principios en sus últimos motivos originarios ni su pureza radical y tampoco el carácter novedoso de su metodología. El anhelo secreto de su vida empieza a cumplirlo la fenomenología, cuya fundamentación radical él, sin embargo, no alcanzó a vivir,[6] aunque fue uno de los primeros en reconocer el gran calado de su primera irrupción y de sus primeras investigaciones. A pesar de que él no era un lógico, gracias a su genial sensibilidad intelectual vio enseguida la importancia de las *Investigaciones lógicas* de Husserl, obra a la que entonces casi nadie hacía caso o entendía. (Véase la lección de Husserl de este semestre sobre «Naturaleza y espíritu»).[7]

Dilthey vio muy pronto con claridad (1883) la importancia de lo singular y de lo único en la realidad

5. Wilhelm Dilthey, *Einleitung in die Geisteswissenschaften...*, *op. cit.*, pp. 40s [trad., p. 41].

6. [N. de los T.] Dilthey murió en 1911. Heidegger, por lo tanto, debe estar refiriéndose a la fundamentación radical *[prinzipielle Grundlegung]* que constituyen las *Ideas* de Husserl de 1913 y no a las *Investigaciones lógicas* de 1900-1901.

7. [N. de los T.] Ahora disponible en *Natur und Geist. Vorlesungen Sommersemester 1919*, Husserliana. *Materialienbände IV*, Dordrecht, Kluwer, 2002.

espiritual; reconoció que tiene un «significado completamente otro» en las ciencias del espíritu respecto al que tiene en las ciencias de la naturaleza. En estas últimas solamente es un «medio», un punto de transición que hay que superar para la generalización analítica; en la historia, es el *«fin»* y el objetivo. En lo *particular* el historiador busca lo general de las cosas humanas. «Si las condiciones bajo las que se halla el conocimiento de la naturaleza fueran fundamentales en el mismo sentido para la edificación de las ciencias del espíritu [...], no tendría ningún sentido distinguir entre el fundamento de las ciencias del espíritu y el de las ciencias de la naturaleza».[8]

[166] b) La distinción de Windelband entre
ciencias de leyes y ciencias de acontecimientos.
Pensamiento nomotético y pensamiento idiográfico

Recuperando los trabajos fundamentales de Dilthey, Windelband intenta ahora darle un nuevo giro a este problema metodológico, pero sin aceptar de ninguna manera la posición de Dilthey y sus ideas decisivas. Windelband comienza más bien con la crítica de la contraposición entre naturaleza y espíritu. Ve en ella una oposición que no es metódica sino objetiva, una contraposición entre *objetos* que son distintos a nivel de contenido. Considera que esa división ha quedado atrapada en los modos generales de la representación y de la expresión, es decir, que es una división precientífica, ingenuamente dogmática, no suficientemente segura y evidente como para que «pueda convertirse en la base

---

8. Wilhelm Dilthey, *Einleitung in die Geisteswissenschaften...*, *op. cit.*, p. 149 [trad. mod., pp. 119-120].

indiscutible de una clasificación».[9] En primer lugar, esta oposición real no corresponde a la que existe entre los modos del conocimiento. En efecto, la psicología en cuanto ciencia fundamental del espíritu trabaja con una actitud y una metodología propias de las ciencias de la naturaleza. Sin embargo, {en Dilthey} es precisamente la división entre naturaleza y espíritu la que pretende ofrecer el fundamento de la separación metodológica entre las ciencias de la naturaleza y las ciencias del espíritu. «Una clasificación que tropieza con tales dificultades no tiene ninguna consistencia sistemática».[10] La determinación metodológica del límite entre ciencia de la naturaleza e historia debe moverse en otra dirección.

Una consideración más detallada muestra la «igualdad lógica» de la psicología con las ciencias de la naturaleza en cuanto a sus objetivos formales de conocimiento. Buscan *leyes del acontecer*, sea el acontecimiento un movimiento de cuerpos, una trasformación de materias, un desarrollo de vida orgánica o un proceso de la representación, de la voluntad y del sentimiento.[11]

[167] Frente a ellas, las ciencias «que solemos caracterizar como ciencias del espíritu» se ocupan del acontecer de una realidad única, limitada temporalmente, y de su presentación exhaustiva. Figuras de la vida humana —héroes y pueblos, lenguas, religiones, sistemas jurídi-

---

9. Wilhelm Windelband, «Geschichte und Naturwissenschaft», en *Präludien. Aufsätze und Reden zur Philosophie und ihrer Geschichte*, 5.ª ed. ampliada, Tubinga, J. C. B. Mohr (Paul Siebeck), 1915, vol. II, p. 142 [«Historia y ciencia de la naturaleza», en *Preludios filosóficos. Figuras y problemas de la filosofía y de su historia*, Buenos Aires, Santiago Rueda, 1949, p. 315].

10. *Ibid.*, p. 143 [trad. mod., p. 316].

11. *Ibid.*, pp. 143s [trad., p. 316].

cos, literaturas, arte, ciencias— deben ser presentados en su «realidad única».

Se consigue entonces un principio de clasificación de las ciencias que es puramente metodológico: «el carácter formal de sus objetivos de conocimiento».[12] Las unas buscan leyes generales, las otras «hechos históricos [!] particulares». Expresado en términos lógico-formales: en uno de los grupos de ciencias el objetivo es el juicio apodíctico, en el otro la proposición asertiva. En cuanto ciencias de la experiencia, ambas se fundamentan sobre la comprobación de los hechos, sobre la percepción.[13] Sin embargo, su objetivo lógico es distinto: en las unas «lo general en la forma de ley de la naturaleza», en las otras «lo particular en la forma determinada históricamente [!]». Las unas son ciencias de las leyes, las otras son ciencias de los acontecimientos. El pensamiento científico es *nomotético* en el caso de las ciencias de la naturaleza e *idiográfico* en el caso de las ciencias de la historia.[14] Esta división «lógica» soluciona entonces el problema de una psicología *descriptiva* desde el principio. Solo reconoce la psicología como ciencia de la naturaleza, lo que aligera de forma esencial el tratamiento del problema metodológico.

Con esto hemos llevado a su conclusión la consideración de los tres motivos histórico-espirituales —y, en un sentido más estricto, histórico-filosóficos— de cara a la importancia fundamental de la influencia que el idealismo alemán y Lotze tuvieron sobre el trabajo filosófico de Windelband. También hemos caracterizado de forma

12. Wilhelm Windelband, «Geschichte und Naturwissenschaft», *op. cit.*, p. 144 [trad. mod., p. 317].

13. Véase *ibid.*, p. 148: observación [trad., p. 319].

14. *Ibid.*, p. 145 [trad., p. 317].

suficiente el trabajo de Windelband de cara a la filosofía «sistemática» de tal forma que podamos entender el [168] desarrollo ulterior, exhaustivo, sistemático y sobre todo gnoseológico, así como la fundación profunda y rica del sistema de la filosofía trascendental de los valores que llevaron a cabo *Rickert* —alumno de Windelband— y su discípulo *Lask*.

No es necesario en este contexto entrar en los trabajos de Windelband acerca de la historia de la filosofía, a los cuales se ha prestado y se sigue prestando mucha atención. Con motivo de la muerte de su profesor, Rickert ha publicado una presentación accesible y algo esquemática de los comienzos de Windelband, de sus obras, de su docencia y del docente.[15] Una comparación entre este pequeño escrito y lo que ha sido presentado aquí permitiría mostrar que yo veo las motivaciones histórico-espirituales de una manera esencialmente distinta y, estoy convencido de ello, de forma más justa.

---

15. Rickert, *Wilhelm Windelband*, Fráncfort del Meno, Frankfurter Societätsdruckerei, 1915.

LA CONTINUACIÓN DE LA FILOSOFÍA
DE LOS VALORES POR RICKERT

§ 7. La formación de conceptos histórica
y el conocimiento científico. La realidad
como continuo heterogéneo

Así pues, retomo el desarrollo de la filosofía trascendental de los valores en el punto donde lo dejamos: en el *problema de la historia*. Rickert ha retomado lo fundamental de la conferencia de rectorado de Windelband de la cual hemos hablado y, desde un punto de vista metodológico, lo ha puesto sobre una base más amplia y fundamentalmente filosófica. Ha formulado el problema así: *Los límites de la formación de conceptos en las ciencias naturales. Una introducción lógica a las ciencias históricas*, parte I 1896, parte II 1902. Entre las dos, como preparación a la parte II, *Ciencia de la cultura y ciencia de la naturaleza*, 1899, 2.ª ed. 1910, 3.ª ed. 1915. 2.ª ed. de los *Límites*, 1913. Además, el ensayo que trata del conjunto de los problemas de la ciencia histórica en la *Festschrift* a Kuno Fischer, 2.ª ed. 1907: «Filosofía de la historia». En estos trabajos, Rickert ha conseguido sobre todo establecer una relación sistemática entre el problema histórico-filosófico y las preguntas gnoseológicas fundamentales, pensadas como sus fundamentos. A la vez, ha incluido el problema de la historia en las últimas preguntas vinculadas al sistema y a la visión del mundo de la filosofía científica de la *cultura*. En la medida en que el objetivo de nuestra consideración crítico-fenomenológica radica en las posiciones fundamentales, las de la teoría del conocimiento y las del *sistema de los valores*, no considero más en detalle estos trabajos histórico-filosóficos. Sobre esto, Husserl dará explicaciones en su curso «Naturaleza y espíritu», quizás no en una toma de posición crítica, pero sí de cara al desarrollo positivo de sus investigaciones fenomenológicas.[1]

[170] Lo específico de la elaboración por parte de la filosofía de los valores del problema histórico-filosófico radica en la acentuación del carácter metodológico de la pregunta. Lo decisivo no es la oposición real entre naturaleza y espíritu, sino la oposición metodológico-formal entre los objetivos de conocimiento. Por su gran talento lógico y dialéctico, superior al de Windelband, Rickert entiende esta idea de forma aún más precisa como el problema de la *formación de conceptos*. En efecto, el objetivo de las ciencias de la experiencia es la elaboración científica de la realidad a través del concepto. En última instancia, la diferencia entre las ciencias debe aparecer en la formación de conceptos, pero esto significa: en los distintos tipos y modalidades en los que se entienden y se juntan las características y los elementos particulares de los conceptos. Este proceso depende del fin que se propone en cada caso el conocimiento científico, de lo que se fija como principio de la formación de conceptos.

Esto significa que Rickert ha intentado conseguir lo que en Windelband no apareció en la caracterización escasa y positiva de la ciencia de la historia (ha puesto el énfasis sobre lo idiográfico, la presentación de la forma individual; conexión con la representación artística): *Una introducción lógica a las ciencias históricas*. Busca

---

1. [N. de los T.] Husserl no mencionó a Rickert en este curso.

el *principio* de la formación de conceptos *histórica* y lo hace indicando los *Límites de la formación de conceptos en las ciencias de la naturaleza*. En esta contraposición, «naturaleza» no puede entenderse, pues, como concepto material, como mundo corpóreo o ser psíquico, sino desde el lado formal y metódico en el sentido de la filosofía trascendental de Kant: naturaleza como «la existencia de las cosas, *en tanto que* esta existencia está determinada según leyes universales».[2]

Aquí se encuentra la indicación hacia una fundación gnoseológica del principio metodológico, el que fundamenta la diferencia [171] de los dos grupos de ciencias. Antes de que algo seguro pueda ser acordado sobre el conocimiento científico en las ciencias particulares y que lo sea con métodos específicos, es necesaria, por lo tanto, la determinación del concepto de conocimiento científico *«en general»*.

Si el conocimiento científico tiene la tarea de retratar y describir la realidad tal y como es, enseguida se muestra como una empresa imposible, ya que la realidad es una «multiplicidad inabarcable» que no puede ser dominada en general por medio de los conceptos. Es más, en el conocimiento de la realidad, la parte de los contenidos de realidad que puede ser incluida e incorporada en los conceptos es extraordinariamente pequeña si la comparamos con lo que tiene que dejarse de lado. Se dice también que la realidad es irracional frente a los conceptos racionales, que estos últimos no pueden captarla enteramente. Están

2. Immanuel Kant, *Prolegomena zu einer jeden künftigen Metaphysik*, en *Immanuel Kants Werke*, tomo IV, ed. por A. Buchenau y E. Cassirer, Berlín, B. Cassirer, 1913, p. 44 [*Prolegómenos a toda metafísica futura que haya de poder presentarse como ciencia*, Madrid, Istmo, 1999, p. 115] [cursivas de M. H.].

las sentencias antiguas: todo fluye; el ser real, tanto físico como psíquico, tiene el carácter de la constancia del cambio continuo; *todo lo real es una continuidad*.[3] A eso se añade un segundo momento de la realidad: ningún trozo de la realidad se parece absolutamente a ningún otro. Cada realidad exhibe una marca propia, singular e individual. No hay nada que sea absolutamente homogéneo; todo es distinto, *todo lo real es una heterogeneidad*. Resumido de forma general, se puede decir ahora: la realidad es un *continuo* heterogéneo. Este conjunto de constancia y de diferencia da a la realidad la marca de lo *irracional*, frente a lo cual el concepto es absolutamente impotente. Si se ha de renunciar a una copia *[Abbilden]* descriptiva de la realidad, entonces solamente se tratará de su remodelación *[Umbilden]* a través del concepto y, según el tipo y la modalidad, se tratará de investigar «cómo [el concepto] adquiere *poder sobre lo real*».[4] Esto solamente es posible a través de una separación conceptual entre constancia y diferencia. [172] El continuo se deja concebir en la medida en que es *homogéneo*. Lo heterogéneo se vuelve comprensible en la medida que el continuo *[Kontinuum]* se deja convertir en un *discretum*. Con ello se abren dos caminos completamente opuestos de la formación de conceptos: la realidad como continuo heterogéneo puede ser trasformada en un continuo homogéneo o en un *discretum* heterogéneo.

Ahora bien, para que tal remodelación conceptual de la realidad no se vuelva arbitraria, se necesita un principio de selección, un punto de vista desde el cual

---

3. Heinrich Rickert, *Kulturwissenschaft und Naturwissenschaft*, 3.ª ed. mejorada, Tubinga, J. C. B. Mohr (Paul Siebeck), 1915, p. 33 [*Ciencia de la cultura y ciencia de la naturaleza*, Madrid, Calpe, 1922, p. 34].

4. *Ibid.*, p. 34 [trad., p. 35].

se pueda determinar qué debe ser incluido en el concepto como lo esencial de la realidad y qué debe ser excluido como inesencial. Estos principios de la formación de conceptos dependen obviamente del objetivo de las ciencias, que ellas han establecido para su tarea cognoscitiva.

Ya en los significados de las palabras del lenguaje corriente se nota, según Rickert, cierto inicio de una formación de conceptos específica. Significados de palabras como «árbol», por ejemplo, son generales. Indican una realidad no teniendo en cuenta una singularidad individual, sino que, eliminando los caracteres individuales, este concepto significa algo que es común a todos los árboles. Obtener tales conceptos generales, agrupar los elementos conceptuales que pertenecen a estos últimos conceptos generales y conceptos de leyes, es el objetivo de la ciencia de la naturaleza. En efecto, de esta manera la realidad se vuelve conceptualmente controlable y el conocimiento de la naturaleza, generalizado. Ahora bien, ¿existe, junto a este principio de la formación generalizadora de conceptos, un principio formalmente distinto que separa de manera completamente distinta lo esencial de lo inesencial? Existen de hecho ciencias de este tipo que no están orientadas hacia el establecimiento de leyes generales de la naturaleza y la formación de conceptos generales: las ciencias *históricas*. Quieren presentar la realidad en su individualidad y singularidad, una empresa para la cual el concepto general de la ciencia de la naturaleza —que precisamente excluye lo individual como inesencial— no [173] viene al caso. La ciencia de la historia *no quiere* generalizar. Este es el punto decisivo para la lógica. Su formación de conceptos es individualizadora, y así se puede afirmar desde ya: «*La realidad*

*se hace naturaleza cuando la consideramos con referencia
a lo general; se hace historia cuando la consideramos con
referencia a lo particular e individual».*[5] Pero ¿cómo es
posible la historia como ciencia, si tiene que presentar
lo único, lo peculiar y lo individual?

§ 8. La pregunta por la posibilidad
de la ciencia histórica

He aquí la pregunta: ¿Qué queremos realmente entender y conocer de forma histórico-individualizadora?
Los procesos naturales solo nos interesan en cuanto casos particulares de una ley general y no respecto de su
individualidad y singularidad. {En las ciencias históricas}
este interés atañe más bien a realidades con las cuales se
combinan *valores*. Y a estas realidades, objetos y procesos
a los cuales están vinculados valores reconocidos por el
ser humano los llamamos *objetos culturales*. En cambio,
a los objetos que están libres de estas remisiones a los
valores los consideramos como naturaleza. El significado
cultural de un objeto tiene que ver precisamente con que
es único, que se distingue de los demás. Así, la formación
de conceptos individualizadora es la única que le hace
justicia al proceso cultural en su relación con los valores. De esta manera, se muestra una conexión interna
entre cultura e historia. Enseguida, esta se vuelve aún
más importante de lo que parece: el *concepto de cultura*
es lo que la historia en cuanto ciencia hace posible en
general. El concepto de cultura posibilita en general la

5. Heinrich Rickert, *Kulturwissenschaft und Naturwissenschaft*, 3.ª
ed., *op. cit.*, p. 60 [trad., p. 59].

formación de conceptos individualizadora, de tal forma que gracias a ella una «*individualidad presentable*» se pone de manifiesto, ya que no es cualquier momento en el objeto cultural que sea de interés o que deba ser presentado [174] (como tampoco lo son todas las determinaciones que tiene en común con otros). También para el historiador hay componentes esenciales e inesenciales en la realidad. Hay cosas individuales históricamente importantes y meras diferencias sin importancia. De la abundancia incalculable de lo individual, el historiador solamente toma en consideración aquello mismo que «encarna un valor cultural o que está en relación con él». El concepto de cultura ofrece el principio de selección entre lo históricamente esencial y lo históricamente inesencial. «Solamente gracias a los *valores* vinculados a la cultura se constituye el concepto de una individualidad histórica susceptible de ser presentada».[1] La formación de conceptos individualizadora de la historia es un «*proceder que remite a valores*». Este concepto de la «remisión a valores» *[Wertbeziehung]* debe ser entendido como «concepto *teorético*» y no ser confundido con decisiones, juicios de valor acerca de si algunas cosas son valiosas o no.[2] «Remitir a valores» no significa «valorar» *[bewerten]*. Tenemos aquí dos actos distintos. «La *remisión* teorética *a valores* permanece en el terreno de la *comprobación de los hechos;* no así la valoración *[Wertung]* práctica».[3] (¡¿Qué quiere decir?!) «Valorar algo es siempre *alabarlo* o *censurarlo. Remitir* a valores no es *ninguno* de los dos».[4]

1. Heinrich Rickert, *Kulturwissenschaft und Naturwissenschaft*, 3.ª ed., *op. cit.*, p. 90 [trad. mod., p. 86].
2. *Ibid.*, pp. 94s [trad., pp. 85s].
3. [N. de los T.] *Ibid.*, p. 97 [trad., p. 92].
4. *Ibid.*, p. 98 [trad., p. 93].

Se debe presuponer que los valores culturales son universalmente reconocidos si la formación de conceptos histórica que remite a ellos quiere tener objetividad y universalidad. ¿Acaso el reconocimiento de los valores —remitiendo a los cuales se realiza la formación de conceptos histórica— es un reconocimiento meramente fáctico que variaría históricamente y que sería limitado a cierto círculo cultural, de tal modo que, en el fondo, la objetividad de la ciencia histórica misma sería solamente aparente y de menor valor frente a la de la ciencia de la naturaleza? Los valores culturales, si quieren garantizar la objetividad propiamente científica, ¿no deben más bien *valer* «independientemente de su [175] valoración fáctica»?[5] Así, la objetividad de la ciencia de la cultura depende de la unidad y de la objetividad de un *sistema de valores válidos*. Resulta de ello la necesidad de *justificar* esta validez absoluta de los valores. La ciencia de la naturaleza, en la medida en que su formación de conceptos y su metódica son «libres de valores», presupone en cuanto ciencia el valor teorético de la verdad y, precisamente de esta manera, ella también remite al problema de la validez y de la sistemática de los valores.

Así se ha destacado ahora —algo que debía mostrarse— que esas investigaciones metodológicas, en su punto de partida que es la teoría de la formación de conceptos, conducen hacia el problema central: la relación entre concepto y realidad, hacia el problema gnoseológico fundamental según el cual estas mismas investigaciones, en su objetivo final que es la fundamentación de la objetividad de las ciencias, hacen refe-

5. Heinrich Rickert, *Kulturwissenschaft und Naturwissenschaft*, 3.ª ed., *op. cit.*, p. 156 [trad., p. 144].

rencia al problema general de los valores. Ya en su tesis de habilitación Rickert emprendió la elaboración del problema gnoseológico de la realidad y este lo ha mantenido ocupado hasta hoy. El problema del sistema de los valores solamente ha surgido de manera más precisa en los últimos años y parece ahora que todo el trabajo de Rickert está absorbido por él. Gracias al trabajo de Rickert los dos grupos de problemas han llevado la filosofía de los valores hacia una base gnoseológica y le han otorgado un orden sistemático. Se trata ahora de investigar el problema gnoseológico fundamental en la formulación de Rickert. Por ello fijamos la atención sobre la continuidad del desarrollo de la filosofía de los valores. Buscamos de qué manera Rickert ha retomado las investigaciones (teoréticas) de Windelband en la filosofía teorética y cómo, además, se han desarrollado los trabajos gnoseológicos de Rickert hasta hoy, en parte bajo la influencia decisiva de una investigación filosófica orientada de forma completamente diferente, aunque sin asumirla y reelaborarla de manera pura.

[176] Partiendo de la diferencia entre juicio y valoración propuesta por Brentano, los trabajos lógicos de Windelband se concentraron sobre el problema del juicio. La esencia del juicio radica en comportamientos opuestos (afirmar y negar, aceptar y condenar, reconocer y rechazar). A la vez él señaló como tarea necesaria de toda lógica futura la de conseguir una conexión auténtica —en Kant, insatisfactoria— entre la lógica formal y la lógica gnoseológica, la de avanzar desde los problemas lógicos relacionados con el juicio, el concepto y el silogismo hacia preguntas gnoseológicas. Es en esa dirección hacia donde se dirige ahora el trabajo de Rickert.

CONSIDERACIONES CRÍTICAS

§ 9. *La influencia de la fenomenología sobre Rickert*

Nuestras reflexiones críticas[1] se refieren al problema del *Objeto del conocimiento* y del conocimiento del objeto, a partir de cuya solución se debe construir el sistema de la filosofía trascendental de los valores como una cosmovisión científica. Este problema, que Rickert planteó a raíz del contexto orgánico del desarrollo de la filosofía de los valores anteriormente indicado, le ha ocupado intensamente desde los comienzos de su trabajo filosófico hasta nuestros días. Al mismo tiempo, esto significa que en sus agudas elaboraciones cada vez más específicas (específico no en el sentido de especialización, sino de elementos específicos fundamentales de toda su constitución) aparecen cambios que reflejan claramente los efectos del desarrollo filosófico contemporáneo. Los cambios y los progresos decisivos tuvieron lugar bajo la fuerte influencia de las *Investigaciones lógicas* de Husserl, en parte directamente, en parte indirectamente a través de los escritos de Lask, quien, por su lado, fue más allá de Rickert bajo la guía de algunas ideas de las *Investigaciones lógicas*, aunque sin dar el paso hacia la fenomenología.

Esta influencia de la fenomenología está oculta sobre todo porque no se asumen sus motivos fundamentales y porque ahí donde es mencionada es solo para polemizar contra ella. Subrayo de manera introductoria estas cone-

---

1. Volver brevemente a las exposiciones anteriores de la historia de los problemas.

xiones no para generar la sospecha de que al pensamiento
[178] filosófico de Rickert le falte autonomía, sino básicamente para que se reflexione sobre el mero hecho de
que no se puede prescindir de algunas ideas decisivas
de la fenomenología, aunque curiosamente se crea a la
vez que estas ideas pueden mezclarse eclécticamente con
el propio punto de vista sin que este se convierta en un
híbrido incomprensible en su estructura metodológica
fundamental.

La evolución del tratamiento rickertiano del problema gnoseológico del objeto se lleva a cabo en las tres
ediciones de su escrito *El objeto del conocimiento*, con el
que en 1891 se habilitó en esta universidad.[2] El escrito,
cuya primera edición se publicó en 1892 en pequeño
formato, tenía entonces 91 páginas. La segunda edición
apareció en 1904; su formulación es más rigurosa en
los detalles, el fenómeno del sentido es subrayado con
mayor precisión y, sobre todo, incluye el tratamiento del
problema de las categorías. La tercera edición, de 1915,
se ha convertido en un libro completamente nuevo,
lo que aparece ya exteriormente por el hecho de que
consta de 456 páginas en gran formato. Rickert mismo,
en el prólogo de esta edición, afirma que «las ediciones
anteriores ya no deberían usarse».[3] Sin embargo, aquí
también se conserva la idea fundamental tal como se
había obtenido en la primera edición y, por lo tanto, me
ceñiré de momento a la primera edición para caracteri-
zarla brevemente y para indicar su contexto histórico-
problemático. Esto sobre todo porque los pensamientos

---

2. [N. de los T.] Heidegger se refiere naturalmente a la Universidad de Friburgo.

3. Heinrich Rickert, *Der Gegenstand der Erkenntnis*, 3.ª ed., Tubinga, J.C.B Mohr (Paul Siebeck), 1915, p. X.

decisivos de Rickert están aquí expresados de una manera aún más simple y todavía no están tan sobrecargados con discusiones críticas muy amplias, a menudo engorrosas, con oponentes anónimos, como es particularmente el caso en la tercera edición.

Los cambios decisivos de Rickert se encuentran entre la segunda y la tercera edición y están marcados en diferentes artículos publicados en este periodo de transición, sobre todo [179] en el artículo fundamental «Los dos caminos de la teoría del conocimiento».[4] Como todos los ensayos aún por mencionar, ha sido introducido en la tercera edición, en parte literalmente. Bajo la influencia de las *Investigaciones lógicas*, Rickert logró comprender el tipo de camino que había tomado en *El objeto del conocimiento* y, al mismo tiempo, la necesidad de complementar el primer camino con un segundo. El artículo es una confrontación implícita con Husserl y, al mismo tiempo, una incorporación de algunas de sus ideas esenciales, incluidas las carencias que todavía conllevaban. El estímulo directo lo recibió de la disertación de Kroner de 1908, *Sobre la validez general lógica y estética*, y de la conferencia de Lask en el Congreso de Filosofía de Heidelberg, «¿Existe una primacía de la razón práctica en la lógica?»,[5] {publicada} en 1909, que

4. Heinrich Rickert, «Zwei Wege der Erkenntnistheorie», *Kantstudien* XIV (1909), pp. 169-228 [«Los dos caminos de la teoría del conocimiento», en *Los dos caminos de la teoría del conocimiento y otros ensayos*, ed. por S. Cazzanelli y M. Martí Sánchez, Granada, Comares, 2022, pp. 65-105].

5. [N. de los T.] Richard Kroner, *Über logische und ästhetische Allgemeingültigkeit: kritische Bemerkungen zu ihrer transzendentalen Begründung und Beziehung* [Sobre la validez general lógica y estética: anotaciones críticas a una fundación y una relación trascendentales], Leipzig, F. Eckardt, 1908; Emil Lask, «Gibt es ein Primat der prakti-

es básicamente una repetición de la «Crítica a toda lógica normativa» que Husserl presentó en el primer volumen de las *Investigaciones lógicas*. La nueva posición asumida se consolida luego en la serie de artículos publicados en la revista *Logos*: «Sobre el concepto de la filosofía», vol. I (1910), «Lo uno, la unidad y el número uno», vol. II (1911-1912) —una confrontación implícita con *Los fundamentos lógicos de las ciencias exactas* de Natorp (1910)[6] y con el concepto de número ahí desarrollado—. Rickert pone aquí en primer plano el problema de la forma-contenido, anticipándose a la concepción de Lask sobre el juicio con la que Rickert estaba familiarizado por unas conversaciones personales con él; «Valores de la vida y valores de la cultura», vol. II (1911-1912): una confrontación con Bergson; «Juicio y juzgar», vol. III (1912): nada nuevo; «Sobre el sistema de los valores», vol. IV (1913): programa sistemático de la filosofía de los valores [180] y «Sobre la validez lógica y ética», en *Kantstudien*, vol. XX (1914).[7]

---

schen Vernunft in der Logik?» [¿Hay una primacía de la razón práctica en la lógica?], en *Bericht über den III. Internationalen Kongress für Philosophie zu Heidelberg 1. bis 5. September 1908*, ed. por Theodor Elsenhans, Heidelberg, C. Winter, 1909, pp. 671-677.

6. [N. de los T.] Heinrich Rickert, «Vom Begriff der Philosophie», en *Logos. Zeitschrift für systematische Philosophie*, vol. I (1910-1911), pp. 1-34 [«Sobre el concepto de la filosofía», en *Los dos caminos de la teoría del conocimiento y otros ensayos, op. cit.*, pp. 39-64]; *id.*, «Das Eine, die Einheit und die Eins. Bemerkungen zur Logik des Zahlbegriffs» [El uno, la unidad y el número uno. Anotaciones sobre la lógica del concepto de número], en *Logos. Zeitschrift für systematische Philosophie*, vol. II (1911-1912), pp. 26-78; Paul Natorp, *Die logischen Grundlagen der exakten Wissenschaften* [Los fundamentos lógicos de las ciencias exactas], Leipzig y Berlín, B. G. Teubner, 1910.

7. [N. de los T.] Heinrich Rickert, «Lebenswerte und Kultur-

En este periodo se publicaron las dos importantes investigaciones sistemáticas de Lask: *La lógica de la filosofía y la teoría de las categorías. Un estudio sobre el dominio de la forma lógica* (1911) y *La teoría del juicio* (1912). Rickert ha reconocido expresamente la importancia de esta investigación para su propio desarrollo y, aunque en principio no estuvo de acuerdo con las tesis y los avances de Lask, reconoció explícitamente esta importancia dedicándole la tercera edición de *El objeto del conocimiento*. El propio Rickert destaca las siguientes innovaciones de la tercera edición de *El objeto* como decisivas: 1) la acentuación del carácter de valor de lo lógico o de lo ideal frente a cualquier ontología de lo ideal; 2) la elaboración del problema del conocimiento como problema de la forma; 3) el claro rechazo de cualquier psicologismo.[8]

Emil Lask, a cuyas investigaciones yo debo mucho personalmente, murió en combate en Galitzia en mayo de 1915; su cuerpo está desaparecido. Fue una de las personalidades filosóficas más importantes de nuestro tiempo, un hombre serio que, en mi opinión, estaba en camino hacia la fenomenología, cuyos escritos están llenos de estímulos y cuya lectura, sin embargo, no se hace a la ligera.

---

werte», en *Logos. Zeitschrift für systematische Philosophie*, vol. II (1911-1912), pp. 131-166; Heinrich Rickert, «Urteil und Urteilen», en *Logos. Zeitschrift für systematische Philosophie*, vol. III (1912), pp. 230-245; *id.*, «Vom System der Werte», en *Logos. Zeitschrift für systematische Philosophie*, vol. IV (1913), pp. 295-327; *id.*, «Über logische und ethische Geltung», en *Kantstudien*, vol. XIX (1914), pp. 182-221. A diferencia de lo que aparece en el texto, el último artículo citado de Rickert se publicó en el volumen XIX de la revista *Kantstudien*, no en el XX.

8. Heinrich Rickert, *Der Gegenstand der Erkenntnis*, 3.ª ed., *op. cit.*, p. XII.

Antes de las observaciones críticas que haré a continuación, me gustaría citar una frase del propio Rickert que no pudo evitar incluir en su elogio fúnebre para Windelband, texto en el que asume una posición crítica contra su propio maestro: *«El sistemático a veces debe ser intolerante».*[9]

La dirección fundamental de las consideraciones críticas ya había emergido en los trabajos críticos que presenté en 1913 en el seminario de Rickert, cuando discutí *La teoría del juicio* de Lask y encontré una gran [181] oposición que, sin embargo —en realidad no hace falta decirlo—, de ninguna manera empañó mi relación personal con Rickert. Teniendo en cuenta el ínfimo nivel actual de lo que se puede llamar *«ethos* científico», considero necesario subrayar que aquí se trata solo de la cosa misma y que la relación personal no queda en absoluto afectada incluso por la lucha más radical, porque el hombre de ciencia tiene que realizar una ἐποχή absoluta respecto a esta relación y, de esta manera, desconectarla.

§ 10. *Principios rectores de la crítica*

Ninguna crítica simplemente por criticar. Un objetivo positivo y no solo una nueva teoría del conocimiento o solo un nuevo «punto de vista» gnoseológico.

Idea de la ciencia originaria – filosofía científica. *Crítica fundamental* – la del método de la determinación científica del objeto en general.

El método no es algo que se impone arbitrariamente a un ámbito de objetos, sino algo que, según su conte-

---

9. Heinrich Rickert, *Wilhelm Windelband*, op. cit., p. 29.

nido estructural, surge del objetivo del conocimiento, así como del carácter regional fundamental del ámbito de conocimiento en su determinación. No puede, por tanto, considerarse de manera completamente separada del problema. Este último debe ser entendido en su tendencia principal, es decir, tal y como resulta de la motivación histórica. Por eso la primera edición {de *El objeto del conocimiento*}, a pesar del comentario de Rickert. Esto lo podemos hacer tanto más en la medida en que no basamos la crítica en ella, sino que dejamos que Rickert mismo nos ofrezca su rechazo crítico a través del análisis de su desarrollo que, en un punto de inflexión, comienza con una consideración metodológica. La primera edición, que, a pesar de las muchas consideraciones sobre la modalidad de la determinación del objeto, no muestra una conciencia metodológica *fundamental*, ahora es caracterizada expresamente respecto de su recorrido, las carencias de este último son puestas de manifiesto y se determina su relativa legitimidad.

[182] Para nosotros emergen las siguientes preguntas:

1) ¿Es radical esta reflexión metodológica? y

2) ¿es auténtica la mejora del recorrido? y

3) ¿se dan en este último *los* resultados que Rickert pretende haber encontrado y en los que su conocimiento se expresa de manera característica?

Las carencias fundamentales de esta falta de método que hay que poner de manifiesto se revelan en el fracaso respecto de un lado necesario del problema general —*respecto del problema del sujeto*— y sobre todo en el hecho de que también el segundo camino —cuyos resultados deberían coincidir con los del primero y que en realidad son aún más dudosos— es necesariamente afectado por estas carencias.

Movimiento kantiano – problema de la trascendencia; Riehl, Schuppe, Volkelt, Dilthey, *Cremerius*.[1]

«Al concepto de conocimiento pertenece, además de un sujeto que conoce, un objeto que es conocido».[2]

Ser – conciencia; realidad del mundo exterior.

Principio de la inmanencia: «El ser de cualquier realidad debe ser considerado como un ser en la conciencia».[3]

Conocer = representar. «¿Qué deberían designar y reproducir las representaciones si no hay nada más que representaciones, es decir, si falta el original al que corresponde la imagen?».[4]

Para que el conocer siga teniendo sentido debemos en cualquier caso presuponer que estamos captando algo independiente respecto al sujeto teorético.[5]

«¿Qué razones tenemos para afirmar que el conocer reproduzca una realidad por medio de representaciones y en general que el conocimiento se encuentre en las *representaciones*?».[6]

Escisión del ser en cosas y representaciones; estas últimas entendidas como copias en un determinado lugar. Partiendo de «las consideraciones gnoseológicas [183] más simples» la intuición se vuelve problemática: ¡«pro-

---

1. [N. de los T.] El texto de la *Gesamtausgabe* indica el nombre de Cremerius (en cursiva), pero debe tratarse de un error. Heidegger se refiere probablemente a *Avenarius*. En efecto, en la primera edición de *El objeto del conocimiento*, Rickert, después de nombrar a Riehl, Schuppe y Volkelt (p. VI), cita a Wilhelm Dilthey (p. 12) y Richard Avenarius (p. 14).

2. [N. de los T.] Heinrich Rickert, *Der Gegenstand der Erkenntnis*, 1.ª ed., *op. cit.*, p. 1.

3. *Ibid.*, p. 40.

4. *Ibid.*, p. 41.

5. *Ibid.*, p. 42.

6. *Ibid.*, p. 43.

blema del espacio»! Cosa y representación – *dos objetos* en el sujeto que *establece* la correspondencia entre ellos.[7]

Aristóteles: conocimiento = juzgar (¿Unión de representaciones? No se ha obtenido nada nuevo).[8]

«¿Debería ser posible mostrar el juicio como un proceso de significado autónomo?».

«De momento vemos solo lo que cada individuo puede constatar por sí mismo».

«Por ahora solo queremos saber qué sucede cuando juzgamos».[9]

«*Conocer es afirmar o negar.* Queremos intentar conocer las consecuencias de esto».[10]

«*Conocer es aceptar o rechazar*».

«El sujeto cognoscente no puede poseer lo que busca en el conocimiento a través de representaciones, sino solo a través de la afirmación y la negación».[11]

Sentimiento de evidencia, una fuerza a la que estoy sujeto se anuncia en el conocimiento.

«No sabemos nada de un ser que reproducimos por medio de representaciones; para nuestro representar no hay absolutamente nada hacia el que pueda orientarse. Por el contrario, un deber ofrece inmediatamente una dirección cuando queremos juzgar».[12]

Abordar el problema del origen. Origen del método – origen del objeto de la ciencia originaria y de su estructura originaria. Nuestra empresa crítica, que es en sí misma fenomenología, ya en la manera en que comienza,

---

7. Heinrich Rickert, *Der Gegenstand...*, 1.ª ed., *op. cit.*, p. 45.
8. *Ibid.*, p. 47.
9. *Ibid.*, pp. 47s.
10. *Ibid.*, pp. 55s.
11. *Ibid.*, pp. 58s.
12. *Ibid.*, p. 63.

encuentra una dificultad en cuanto Rickert ha llevado a cabo un desarrollo cuyo [184] progreso está determinado justamente por ideas fenomenológicas. Por lo tanto, es necesaria una agudeza crítica y estrictamente metódica de la mirada para distinguir lo auténtico de lo inauténtico y separar el progreso auténtico de los errores.

§ 11. La concepción de Rickert del problema gnoseológico fundamental. El camino subjetivo

Conocer no puede ser representar porque no hay nada independiente de las representaciones hacia lo cual estas deberían dirigirse. Si todo ser es un contenido de conciencia, ¿cómo puede haber todavía un original del que se supone que las representaciones son la copia?

Y sobre todo: mientras se considere el conocer como representar, hay un momento que pertenece necesariamente al concepto de conocer y que no aparece en absoluto: el sujeto cognoscente. De hecho, tanto las cosas como las representaciones son objetos y la tesis del conocer como representación no tiene nada que ver con una relación entre sujeto y objeto, sino con una relación entre dos objetos que es completamente incomprensible en cuanto conocimiento. En efecto, es necesario un sujeto que establezca esta relación entre ambos, que establezca el ser reproducido de las cosas a través de las representaciones. Y este conocimiento no puede ser a su vez una representación.

Ya Aristóteles sabía que la verdad «está contenida siempre y solo en el *juicio*».[1] Sin embargo, con esto se obtiene

---

1. Heinrich Rickert, *Der Gegenstand...*, 1.ª ed., *op. cit.*, p. 47.

muy poco si se piensa que la peculiaridad de los juicios radica en la unión o separación de las representaciones. En este caso, de hecho, se trata todavía de representaciones y vuelven a surgir las viejas dificultades. Los juicios también, entonces, deberían orientarse de alguna manera hacia un ser trascendente «para aportar conocimiento».

[185] ¿Y si esta interpretación del juicio fuera errónea? «¿Debería ser posible mostrar el juicio como un proceso de significado autónomo?».[2] Incluso si el intento de encontrar un *ser* independiente de las *representaciones* debe fracasar, al final se abre la posibilidad de demostrar algo independiente respecto del sujeto *que juzga*, de tal forma que constituya *«una unidad de medida para el conocer que vaya más allá del contenido de la conciencia»*.[3]

¿Lo trascendente debe ir más allá del contenido de conciencia? ¿Hacia dónde? Hacia lo que no es contenido de conciencia.

a) Juicio y valor

Entonces, el problema es ahora el sujeto que juzga. «Ahora solo queremos saber qué sucede cuando juzgamos». «De momento vemos solo lo que cada individuo puede constatar por sí mismo». «Lo que nos importa es establecer lo que está *siempre* presente cuando se afirma que algo es verdadero y, por lo tanto, solo podemos comenzar con un concepto muy general de juicio que contenga lo que hay en todo conocimiento, trate de lo que trate».[4]

---

2. Heinrich Rickert, *Der Gegenstand...*, 1.ª ed., *op. cit.*, p. 47.
3. *Ibid.* [cursiva de M. H.].
4. *Ibid.*, p. 48. Véase *id.*, *Der Gegenstand...*, 2.ª ed., *op. cit.*, pp. 88s.

Rickert considera como una de las «tesis más valiosas de las recientes investigaciones lógicas y fenomenológicas» que al juicio «se añada un elemento» no representativo a las meras representaciones. El alcance de *este «hecho»* aún no habría sido apreciado.[5]

«La forma más clara y [...] más completa» de esta interpretación del juicio la dio Windelband.[6] No es posible juzgar «sin afirmar o negar». «Solo a través de la afirmación y de la negación [se] convierte la relación entre [186] las representaciones en algo [...] a lo que se pueden aplicar los predicados de verdadero o falso».[7] *«Conocer es aceptar o rechazar».*[8] *«Conocer es afirmar o negar.* Queremos intentar conocer las consecuencias de esto».[9] Rickert rechaza expresamente la opinión de Brentano de que juzgar, dado que en ello se encuentra un elemento no representativo (afirmar y negar), es una forma diferente de la relación entre la conciencia y el objeto: «Esta afirmación tendría para nosotros demasiados presupuestos».[10] Rickert considera esta como una teoría no demostrada de lo psíquico. Sin embargo, podría ser que, gracias a un análisis más profundo, estos elementos en cuestión resultaran ser representativos. Es más, quizá juzgar es, «en cuanto estado psíquico [...], nada más que un complejo de sensaciones».[11]

¿Qué significa un proceso en cuanto proceso psíquico? ¿Qué significa «estado psíquico»? ¿Qué tiene más

5. Heinrich Rickert, *Der Gegenstand...*, 1.ª ed., *op. cit.*, p. 49.
6. *Ibid.*, p. 51.
7. *Ibid.*, p. 55.
8. *Ibid.*, p. 58.
9. *Ibid.*, pp. 55s.
10. *Ibid.*, p. 56.
11. *Ibid.*

presupuestos y más teoría: cuando digo que me intereso *en* un contenido de conciencia y no *lo* considero solo con indiferencia, o cuando Brentano dice que el juzgar y el representar son maneras diferentes de la relación entre la conciencia y el objeto? Rickert quiere mantenerse alejado de estas teorías; él solo quiere «constatar un hecho».[12] En este sentido examina a qué género de procesos psíquicos pertenece el juicio si se distingue entre aquellos estados «en los que consideramos con indiferencia» y aquellos «en los que nos interesamos —o [...] parecemos interesarnos— en nuestro contenido de conciencia como algo valioso para nosotros». Juzgar no es considerar con indiferencia, sino que «en el afirmar y negar se expresa una aprobación o desaprobación». ¡Clasificación correcta de los *procesos* [187] *psíquicos*! «El representar en una clase y el juzgar, el sentir y el querer [...] en otra». En el juzgar se da un «comportamiento "práctico"».[13]

«*Dado que lo que vale para el juicio debe valer también para el conocimiento*, entonces [...] también el conocimiento teorético es una toma de posición frente a un valor. El comportamiento alternativo de aprobar o rechazar solo tiene sentido respecto de los valores. Lo que afirmo debe agradarme, lo que niego debe despertar mi rechazo. Conocer es entonces un proceso que está determinado por los *sentimientos*, es decir, por el placer o el disgusto». El propio Rickert admite que «esto puede sonar extraño», pero es «solo la *consecuencia incuestionable*» de la interpretación del juicio. Las consecuencias deben derivarse de la constatación de un hecho (¿con qué frecuencia y por parte de quién?). «Por tanto, son

---

12. Heinrich Rickert, *Der Gegenstand...*, 1.ª ed., *op. cit.*, p. 57.
13. *Ibid.*, pp. 56s.

los sentimientos los que guían nuestro conocimiento. El propio acto de conocimiento solo puede consistir en el reconocimiento del valor de los sentimientos».[14]

b) Evidencia y validez

Dado que el sujeto llega a poseer aquello que intenta conocer (¿afirmar o negar?) solo a través de la afirmación o de la negación, ahora es necesario tratar este sentimiento con el fin de encontrar el objeto del conocimiento. «En cada conocimiento, como hemos visto, se reconoce un valor. ¿Cómo distinguimos entre este valor y los demás sentimientos que obtienen nuestra aprobación? De momento nos limitamos a hablar de lo que todos hacemos [...]».[15]

Cuando juzgamos constatamos un sentimiento de placer «en el que el impulso hacia el conocimiento se detiene» y llamamos [188] «certeza» (evidencia) este sentimiento. «En cada juicio, en el instante en que juzgo, sé que reconozco algo que *vale atemporalmente*». La evidencia, que desde el punto de vista psicológico es un sentimiento de placer, da al juicio una validez atemporal y, por tanto, un valor. Al mismo tiempo, me siento *obligado* por el sentimiento de evidencia. No puedo afirmar o negar de manera arbitraria. «Me siento determinado por una fuerza a la que me someto y hacia la que me dirijo. La fuerza está presente en cada juicio que hago [...]. Sea como sea, el juicio siempre es necesario». La evidencia, «el sentimiento», da al juicio «el carácter de la *necesidad*».[16]

---

14. Heinrich Rickert, *Der Gegenstand...*, 1.ª ed., *op. cit.*, pp. 57s [cursiva de M. H.].
15. *Ibid.*, p. 60.
16. *Ibid.*, pp. 60s.

Esta necesidad no es la necesidad causal del mecanismo psicológico, no es la del tener que *[Müssen]*, es más bien la necesidad del deber *[Sollen]*. «Lo que guía mi juicio y, por tanto, mi conocimiento es el sentimiento de que *debo* juzgar de esta manera y no de otra». «Si enunciamos solo lo que realmente sabemos, tendremos que admitir lo siguiente: no sabemos nada de un ser que reproducimos por medio de representaciones». «Por otro lado, cuando queremos juzgar aparece inmediatamente un deber indicando la dirección». «Cuando escucho sonidos, me veo *obligado* a juzgar que escucho sonidos», es decir, «que junto con los sonidos se me da un deber [¡si quiero juzgar!] que exige y recibe aprobación de un posible juicio».[17]

La verdad del juicio solo puede definirse con la ayuda de un valor «que debe ser reconocido por el juicio».[18] El valor de los juicios no es algo derivado; no les pertenece porque sean verdaderos, sino que son verdaderos en la medida en que se reconoce en ellos un valor. Esto se aplica a todos los juicios. También a los enunciados acerca de la realidad. Estos no son verdaderos porque concuerdan con la realidad, [189] porque afirman lo que es real, sino que es *real* lo que debe ser reconocido por los juicios. Lo real se convierte en una especie de la verdad. El juicio verdadero es el que debe ser formulado. ¿Y por qué se debe formular el juicio? Porque es verdadero. Rickert quiere establecer justamente la existencia de este círculo. Pero eso no puede satisfacer a nadie que no se haya liberado de la vieja concepción del conocer como un representar.

---

17. Heinrich Rickert, *Der Gegenstand...*, 1.ª ed., *op. cit.*, pp. 62s.
18. *Id.*, *Der Gegenstand...*, 2.ª ed., *op. cit.*, p. 116.

c) La trascendencia del deber

«Inténtese encontrar, para la verdad del juicio de que
yo ahora veo caracteres, alguna otra razón que el sentimiento inmediato del deber, de la necesidad de juzgar
de esta manera».[19] ¿Cuál es ahora el objeto del conocimiento? Si designamos como objeto aquello a lo que
se dirige el conocer, es decir, el juzgar, entonces solo el
deber —que se reconoce en el juicio— puede ser dicho objeto. Este criterio es plenamente suficiente para
el conocimiento. «*No podemos descubrir nada más* que el
orden del contenido de conciencia, es decir, las relaciones
entre las representaciones que deben ser y por lo tanto
hay que afirmar».[20]

   ¿Es realmente este deber un objeto trascendente del
conocimiento según todos los puntos de vista? Lo que se
anuncia en la necesidad del juicio, en la evidencia, es un
sentimiento. ¿Se puede asignar algo más que un significado subjetivo a un sentimiento? ¿Cómo se justifica esta
trascendencia del deber? Mostrando que la negación del
deber conduce a contradicciones. Así se demuestra la legitimidad de la asunción de esta trascendencia. «¿Por qué
el deber debe ser reconocido?». ¿Acaso asigna al conocer
la «objetividad» buscada? Hasta ahora solo sabemos que
«si hay en general [190] un objeto del conocimiento solo
puede ser encontrado en el deber, no en el ser».[21]

   La negación de un ser trascendente nunca puede
llevar a contradicciones. De hecho, todos los juicios que
parecen referirse a un ser trascendente pueden transfor-

   19. Heinrich Rickert, *Der Gegenstand...*, 2.ª ed., op. cit., p. 118
[cursiva de M. H.].
   20. *Id.*, *Der Gegenstand...*, 1.ª ed., *op. cit.*, p. 68 [cursiva de M. H.].
   21. *Id.*, *Der Gegenstand...*, 2.ª ed., *op. cit.*, pp. 126s.

marse de tal manera que se limiten a enunciar hechos de la conciencia. En lugar de «el sol brilla», puedo decir: «veo el sol». Así, en los juicios, ya no se trata de ningún ser trascendente. ¿Es posible ahora transformar los juicios de tal manera que tampoco contengan el reconocimiento de un deber independiente del sujeto? «Claramente no, ya que hemos comprobado que *todo* juicio consiste en el reconocimiento de la *necesidad* del juicio y que esta necesidad se presenta siempre como un deber, del cual depende el sujeto cognoscente».[22] Podemos transformar los juicios como queramos, pero siempre habrá que reconocer su valor de verdad como un valor trascendente completamente independiente. Mientras juzgue el deber trascendente es siempre reconocido y, por lo tanto, es también absolutamente indubitable. Toda negación del deber se anula a sí misma porque toda negación es un juicio y, como tal, el reconocimiento de un deber trascendente.

¡¡No era necesario todo el libro para «demostrar» esta trascendencia, ya que no tiene nada que ver con el asunto en cuestión!! Rickert solo muestra que *en general* en el conocimiento se reconoce *algo* (que debe convertirse en verdad). Esto no prueba todavía la constitución de todo ser en el *sentido*.

El deber, por tanto, precede conceptualmente al ser. «Todas nuestras afirmaciones se basan en las dos proposiciones de que juzgar no es representar y que el "ser" solo adquiere un sentido como elemento de un juicio».[23] «Solo queríamos demostrar el "mínimo" trascendente que cualquiera reconoce [191] independientemente de

---

22. Heinrich Rickert, *Der Gegenstand...*, 1.ª ed., *op. cit.*, p. 70.
23. *Ibid.*, pp. 83s.

lo que piense acerca del conocimiento».[24] ¿Cuáles son aquí los presupuestos metodológicos? Explicaciones sobre el ámbito de las vivencias, es decir, sobre la *realidad [Realität]* y la *intencionalidad.*

Hasta cierto punto, aunque de manera metódicamente del todo inadecuada, Rickert lo ha conseguido. Ha mostrado *que todo acto de reconocimiento* está de alguna manera motivado, se encuentra en un contexto motivacional. No lo ha mostrado con rigor metódico: *quería* mostrarlo. ¡Pero es un gran error si Rickert hipostasia rotundamente este carácter motivacional como *objeto* del conocimiento y cree así haber solucionado el problema trascendental de la constitución! En efecto, tampoco está claro qué debe significar «objeto», ni qué significa «dirigirse hacia» él. Además, este «mínimo trascendente» se encuentra en *toda* vivencia y, como tal, de ninguna manera es adecuado para caracterizar el comportamiento teorético. Para probarlo estos planteamientos eran del todo inútiles: era suficiente una clara visión del problema metodológico del análisis de las vivencias, algo de lo que, hasta ahora, Rickert carece.

¿Acaso se ha reconocido esto ahora con las consideraciones metodológicas de *Los dos caminos* y con la tercera edición de *El objeto*? ¿Cómo caracteriza Rickert el carácter metódico de sus reflexiones? A este respecto prescindo del hecho de que Rickert, en la interpretación actual de su procedimiento, incluye problemas y perspectivas elaborados por Husserl.[25]

24. Heinrich Rickert, *Der Gegenstand...*, 1.ª ed., *op. cit.*, p. 91.
25. Psicología e interpretación del sentido. Representaciones del camino subjetivo y la crítica de Rickert a sus defectos. Véase *supra* § 10, pp. 88ss [181ss] y las notas en *El objeto*.

[192] *§ 12. El camino lógico-trascendental (objetivo) como el método de fundamentación de los presupuestos presentes en el camino subjetivo*

Hemos llegado a un punto crucial de nuestras consideraciones. Rickert muestra las carencias fundamentales del camino subjetivo y la necesidad de complementarlo con un segundo camino. El camino subjetivo «no deja emerger la *fundamentación* que, en caso de que sus resultados sean correctos, es lo realmente decisivo».[1] Hay que demostrar que aquello hacia lo cual se dirige el conocer real es un valor. Si eso se demuestra (Rickert *quiere* demostrarlo), entonces el camino subjetivo tiene un fundamento seguro y puede ejercer sus derechos sin obstáculos y mostrar su *superioridad fundamental;* en última instancia, de hecho, este camino es la metódica decisiva de la filosofía trascendental. Rickert mismo afirma: «si no se tiene en cuenta el conocer real y su sentido inmanente, la lógica trascendental quedaría en parte bien vacía».[2]

Sin embargo, el camino objetivo, además de la fundamentación decisiva del camino subjetivo, del método real de la filosofía trascendental, también logra algo fundamental. Al mostrar lo teorético en términos de valor, nos obliga, científicamente, «a reconocer el ámbito del sentido teorético como un *ámbito de valor*»,[3] es decir, la lógica (la filosofía teorética) y, por lo tanto, la *filosofía* en su conjunto, es una ciencia de los valores. Para la lógica en cuanto «teoría pura de los valores» se abre un amplio ámbito de investigaciones específicas, un ámbito

1. Heinrich Rickert, *Der Gegenstand der Erkenntnis*, 3.ª ed., *op. cit.*, p. 254.
2. *Ibid.*, p. 303.
3. *Ibid.*, p. 273.

diferente respecto a toda ontología. La lógica no tiene nada que ver con el ser, sino solo con las formaciones de valor. Esto pone de manifiesto el contraste con toda lógica como supuesta ciencia del ser, tal como la concibieron Bolzano y Husserl, quien, de manera más peculiar y [193] profunda, desarrolló las ideas de Bolzano.

Con la comprobación del carácter de valor de la verdad, el camino objetivo debe proporcionar el fundamento último de la filosofía *en cuanto* ciencia del valor.

Empezamos siguiendo el camino objetivo y vemos si sienta el fundamento para el subjetivo. Si la verdad es un *valor*, entonces puedo llegar ante todo a una trascendencia, a un deber, a un reconocimiento, y luego puedo mostrar que los actos de juicio, si deben incluir *conocimiento*,[4] tienen que significar aceptación o rechazo. En resumen, queda entonces demostrado que conocer es valorar y no mirar *[Schauen]*.

Ya aquí señalo que Rickert se equivoca cuando piensa que el único presupuesto del método «constructivo» de la interpretación del sentido es que la relación con el valor *tiene que [muß]* ser un reconocimiento en caso de que se muestre que la posible relación con los valores *puede* ser en general un *reconocimiento*. Tiene que ser *así* si debe rendir algo para el conocimiento. ¿Qué significa aquí conocimiento? ¿Reconocimiento? ¡O quizá otra cosa! ¿Conocimiento de qué? De valores.

Préstese atención: nada puede ser constatado; únicamente es *valorado* un ser. Habría que preguntarse cómo es objetivamente este ser, qué entiende Rickert por este ser meramente psíquico. Habría que demostrar que solo puedo relacionarme con los valores reconociéndolos o

4. ¿Qué significa aquí conocimiento?

desestimándolos o, por lo contrario, que también son posibles otras modalidades de relación, entre las cuales estas y aquellas.

Dirijamos nuestra atención a dos cuestiones:

1. ¿Ha demostrado Rickert el carácter de valor de la verdad?

2. Si lo ha demostrado, ¿se sigue que la lógica es una teoría de los valores y que la filosofía es esencialmente una ciencia de los valores?

Rickert no ha demostrado ni lo uno ni lo otro; ni siquiera ha visto el problema del valor en cuanto tal. ¡¡Este es por tanto el sentido último de la filosofía de los valores!!

[194] ¿Cómo procede el camino objetivo? Evidentemente, como dice el propio Rickert, no puede pasar por el camino de la psicología trascendental. Al contrario, debe superar justamente las carencias de esta última, que consisten en 1) tener que *presuponer* algo infundado; 2) tener que partir de un hecho, de un ser psíquico, del cual no se puede «extraer nada trascendente que sea *determinado*»,[5] es decir, algo que a Rickert le habría gustado extraer y tendría que haber extraído para sostener su teoría. Nada que sea *determinado* y, sin embargo, finalmente *algo;* la interpretación del sentido, por tanto, sería innecesaria justamente en el punto decisivo. ¿Y qué quiere decir que se puede en general «extraer» algo trascendente indeterminado?

Nada puede obtenerse por medio de la mera constatación. Solo se consigue si interpreto algo constatado, un ser psíquico, si «*in*troduzco» algo. Evidentemente, el método objetivo no puede proceder de esta manera. Sin

---

5. Heinrich Rickert, *Der Gegenstand...*, 3.ª ed., *op. cit.*, p. 255.

embargo, él también tiene que «vincularse a un *hecho* conocido por todos». Desde este punto de vista no difiere del método subjetivo. Y este punto de vista, es decir, que la teoría del conocimiento tiene que «vincularse» a «hechos» —sin forma, tal y como se dice—, no preocupa en absoluto a Rickert.[6]

La carencia del camino subjetivo no consiste en que esté en general vinculado a un hecho, sino en que debe vincularse con el acto en cuanto ser psíquico *(realidad empírica)*. En y a partir de este acto, lo único que se puede obtener por medio de una mera constatación es siempre y solo un ser psíquico y unos momentos de este ser.

Si, por lo tanto, también el camino objetivo tiene que vincularse a un hecho, es preciso preguntarse: ¿cuál es *esta realidad* a la que la teoría del conocimiento debe ceñirse para encontrar el objeto del conocimiento? Su problema es justamente el conocimiento de la verdad. Debo por tanto *partir* de una realidad a la que se adhiere la verdad y que, por esto, [195] puede llamarse verdadera. ¿Acaso son los actos las únicas realidades que «en este sentido [por el hecho de que se le adhiere la verdad] pueden llamarse verdaderas»? ¿La verdad se adhiere tanto al ser psíquico de los actos como al ser de los conjuntos de palabras? No. «Nosotros escuchamos o leemos un cierto número de palabras. Estas, en conjunto, forman una *proposición*».[7] Yo digo: «pero emperador transfinito ni no cual triángulo muerto si». Un cierto número de palabras, ¿forman en su conjunto una proposición? Rickert contestaría: solo un cierto número de palabras que expresan un *juicio verdadero* son una auténtica proposi-

---

6. Heinrich Rickert, *Der Gegenstand...*, 3.ª ed., *op. cit.*, pp. 254s.
7. *Ibid.*, pp. 255s.

ción y una proposición *verdadera*. Rickert ciertamente admite que yo tengo que *comprender* las palabras, mentar sus significados, comprender en general lo que la proposición *expresa* para poder decir que es verdadera. Por tanto, una proposición es verdadera solo en la medida en que es *comprendida*. Lo que importa en la proposición no son los términos y los signos, ni los datos acústicos y ópticos, sino los actos del comprender y del mentar. Si Rickert quiere ser consistente, hemos vuelto entonces al punto de partida: a los actos psíquicos, a un ser del que no podemos extraer nada a no ser que introduzcamos nosotros algo, interpretemos y asumamos estos actos como prestaciones *[Leistungen]*. Siguiendo el camino objetivo, ¿cómo sabe Rickert de repente algo sobre los actos del comprender y del mentar cuya prestación consiste justamente en mentar y comprender algo? ¿En base a qué, de repente, los ha interpretado cuando de lo que se trata es de evitar las carencias del camino subjetivo y, en general, de asegurar el fundamento de toda interpretación de sentido ciñéndose al camino objetivo? Sin embargo, Rickert admite que «los actos, en cuanto actos psíquicos, son tan poco verdaderos como la proposición en cuanto conjunto de palabras. Verdadero en sentido auténtico es solo lo que es mentado o comprendido como verdadero»,[8] el *contenido del juicio*. Al parecer, por tanto, ¡en la vivencia del juicio hay también otros *actos* que son esenciales!

[196] Rickert de repente sabe algo de algo mentado, comprendido, del *contenido del juicio*. Evidentemente, el contenido no se adhiere a los conjuntos fonéticos: él surge solo en un acto del mentar. Pero de un ser psíquico

---

8. Heinrich Rickert, *Der Gegenstand...*, 3.ª ed., *op. cit.*, p. 256.

no puedo extraer nada y es por eso que el camino subjetivo falló. Que un acto es un acto de reconocimiento
no puedo ni siquiera decirlo si no introduzco en el ser
psíquico este sentido de prestación sobre cuya base y en
vista de lo cual algo es llevado a cabo. Rickert no llega
a algo trascendente ni a raíz del hecho del ser psíquico
de los actos, ni a raíz del hecho de los conjuntos de palabras. Él no puede ni quiere hacer una interpretación
del sentido. ¿Qué queda? Él constata «aquello hacia lo cual
se dirige el acto psíquico o su contenido».[9] De repente,
el acto ya no es para él un ser psíquico, sino algo que
se dirige hacia algo: tiene un contenido. De repente, se
puede extraer algo —y no se entiende por qué esto
no tendría que ser posible ya en el camino subjetivo—.
Solo tengo que hacer lo mismo que Rickert, de repente,
lleva a cabo en el llamado camino objetivo: liberarme de
la teoría, no ceñirme a una ficción y elevarla a método a
través de una construcción, y tomar el acto tal como es,
a saber, así como se dirige hacia algo y —como el propio
Rickert afirma— «fijar la mirada» en este «algo».[10]

O fijo la mirada en los actos tal y como se dan, en
cuanto se dirigen hacia algo, y constato hacia *qué* se
dirigen —y también el carácter del dirigirse, como hace
Rickert en el llamado camino objetivo—, o capto los actos en cuanto ser psíquico o un conjunto de palabras en
cuanto hecho y entonces no llegaría nunca y de ninguna
manera a algo así como un contenido del acto. Para ello
tampoco sirve la construcción de la interpretación del
sentido, porque tendría sentido, si es que lo tiene, solo
a raíz del contenido. Y tampoco lo tendría en el camino

---

9. Heinrich Rickert, *Der Gegenstand...*, 3.ª ed., *op. cit.*, p. 257.
10. *Ibid.*, p. 258.

objetivo. El camino subjetivo, *su superioridad fundamental*, se basa [197] en una pura ficción a partir de la cual se elabora al final un camino de la teoría del conocimiento para que no se tenga que admitir lo que finalmente se hace. Sus dos caminos son mera construcción.

La diferencia del segundo camino respecto del primero consiste en que en él —obligado por las cosas mismas— Rickert «fija la mirada» en los actos y sus contenidos, es decir, se libera de los supuestos constructivos del primer camino. Hay un único camino de la teoría del conocimiento que ofrece varias perspectivas posibles.

La siguiente frase muestra que Rickert mismo debe admitir que también el camino objetivo necesita de los actos: «Si incluso en el que estudia la teoría del conocimiento aparecen necesariamente los actos psíquicos de su mentar y comprender, él puede, sin embargo, dejarlos de lado como no esenciales y volverse directamente hacia el contenido teorético».[11]

A este respecto solo cabe señalar que en el que estudia la teoría del conocimiento, es decir, en su planteamiento metódico, *nunca* debe aparecer el ser psíquico, el cual, por lo tanto, tampoco necesita ser dejado de lado. Sin duda, empero, están presentes los actos en su carácter fenoménico de vivencia, y estos nunca deben ser dejados de lado como no esenciales, ni siquiera cuando estoy haciendo un análisis puro del contenido.

Este contenido objetivo del juicio, *que ha sido constatado en cuanto tal*, «lo examinaré para encontrar el objeto del conocimiento».[12] Dado que este contenido subsiste independientemente del acto psíquico, puede

11. Heinrich Rickert, *Der Gegenstand...*, 3.ª ed., *op. cit.*, p. 258.
12. *Ibid.*

ser llamado sentido trascendente. Rickert ahora señala que este sentido no es ni físico ni psíquico, sino que representa el contenido «ideal» de la proposición.

Sabemos que el contenido se diferencia del acto y eso de una manera muy específica no reducible al caso de la percepción, donde acto y contenido pertenecen al contenido real de conciencia [198], al ser inmanente (procesos). Nótese la ilustración muy retorcida de la percepción, del contenido de la percepción. El sentido trascendente *es* algo *«irreal»*.[13]

La pregunta siguiente es, pues, ¿qué es ese sentido que, en su unidad, entendemos en una proposición verdadera? Rickert subraya expresamente (lo que ya se sabe desde mucho) que el sentido de la proposición es una unidad específica y no puede en un primer momento ser dividido en significados individuales; que estos nunca son de por sí verdaderos y, por eso, ¡no se puede estudiar el problema de la verdad en ellos! Rickert justamente no ve que esta investigación, si es que debe ser fecunda desde el punto de vista científico, presupone otra fundamental. Es cierto. Pero el «camino objetivo». Rickert ve, pues, la ventaja de este último en el hecho de que toma su punto de partida en la «proposición», aunque en ningún sitio se diga qué es una «proposición»: la proposición debe ser entendida así; es decir, que no es entendida hasta que cada palabra y luego la unidad de significado de las palabras sean entendidas. Esto significa que una filosofía científica verá que aquí hay problemas de principio que fundamentan todo lo demás y que no pueden eliminarse gracias a esas frases hechas sobre palabra, significado, proposición y sentido. Claro que entonces no se puede

---

13. Heinrich Rickert, *Der Gegenstand...*, 3.ª ed., *op. cit.*, p. 259.

«filosofar» desde arriba sobre el sentido trascendente, tal como lo hace Rickert en lo que sigue.

¿Puede el sentido en general considerarse como un ente o algo existente? Ahora, lo que el ente es, lo indica su ser; esto no es aclarado en ninguna parte. ¿Pertenece acaso al ser ideal de las formas matemáticas? No. Si quisiéramos juntar sentido y ser ideal, podríamos decir como mucho que «los significados de palabras individuales que el sentido contiene se encuentran en la esfera del sentido ideal».[14] Pero «sabemos» (hasta ahora es una mera afirmación) que el sentido nunca puede ser captado como puramente compuesto a partir de simples [199] significados de palabras. Falta todavía el componente esencial del sentido, el que constituye su unidad y sobre el cual descansa su trascendencia: la *verdad*. Habrá que considerarla más de cerca, especialmente en cuanto a la manera en que constituye la unidad del sentido sobre la cual descansa su trascendencia. (Unidad del sentido, aquello que la constituye, y trascendencia del sentido no son de ninguna manera idénticas). El sentido, pues, en modo alguno debe entenderse como un ente, algo existente, e incluirse en la esfera del ser, si no queremos caracterizar indiferentemente con «ser» todo lo pensable en general, en cuyo caso, el sentido también sería un ser. (Sentido de la pregunta – ninguna unidad; la pregunta, sin embargo, es teoréticamente indiferente, ni *valor* ni *no-valor*). «El sentido se encuentra [...] "antes" de *todo* ente y no puede ser captado por ninguna ontología».[15] Pero ¿de qué manera? ¡Ahora es cuando llega el mayor descubrimiento y la demostración!

14. Heinrich Rickert, *Der Gegenstand...*, 3.ª ed., *op. cit.*, p. 264.
15. *Ibid.*

Para evaluar adecuadamente la novedad que se toma ahora en consideración es necesario resumir lo que Rickert ha establecido hasta ahora sobre el sentido trascendente: partiendo de una proposición verdadera, ha establecido que en efecto hay algo así como un sentido trascendente. Una proposición puede ser verdadera solamente en la medida en que contiene un sentido verdadero. Este sentido verdadero es distinto de los actos, es *irreal*, subsiste de forma atemporal, vale, que es la forma como se describe el ser-verdadero cuando queremos evitar la expresión «ser».

Acordémonos de lo que debe obtenerse en el camino objetivo: la fundamentación de los presupuestos del camino subjetivo. «Si podemos suponer que la verdad es un valor».

Debemos renunciar a incluir el sentido en la esfera del ente. ¿En qué esfera se debe entonces insertar? Nos encontramos ante un problema fundamental definitivo con el cual se debe decidir del carácter básico de la lógica (de la filosofía teorética) y de la filosofía en general.

[200] Pero no se avanzará ahora de la misma manera que hasta ahora, es decir, tomando lo que «tomo en consideración» aún más de cerca y poniendo de manifiesto las determinaciones que lleva. Hemos de demostrar más bien esto con un verdadero método. Giro alrededor de la cosa, no la observo y averiguo si, girando alrededor, encuentro algo sobre ella, algo que le corresponda. (No sería esto ningún método si solamente constatase lo que es en sí, ya que lo he constatado, tomado en consideración – esto, el sentido mismo, ya lo he dicho, no es ningún ser psíquico, etcétera).

Rickert *no* examina en ese momento el contenido del juicio. No *mira* hacia el supuesto carácter de valor del sentido. ¡Gira alrededor del sentido! Y sobre ese camino, sobre el cual no examino el sentido, busca un *criterio* mediante el cual poder decidir si se trata aquí de un concepto ontológico o axiológico. Nada más. (Se puede entender de varias maneras). Rickert decide si se trata de un ente o de algo que vale con carácter axiológico.

¡Este criterio es la *negación*! Negar es un concepto ontológico: aquí, la oposición es unívoca. Negar es un puro concepto axiológico: aquí, la oposición es equívoca (o bien nada o bien un no-valor). Así tengo una negación unívoca o equívoca y así sé si es algo o un concepto axiológico. Aplicado al sentido trascendente, el resultado de la negación es: 1) nada, 2) el sentido falso o no verdadero. Por lo tanto, el sentido es un valor. ¿Es este *criterio de la negación* un criterio auténtico?[16]

Rickert no se molesta en preguntar: ¿con qué derecho utilizo este fenómeno, un criterio? ¿A raíz de qué sé, entonces, que vale?

[201] *§ 13. Consideración sobre la negación*

Negación de algo. Negación: función *formal* dentro del campo de la objetividad en general. La negación no tiene como tal ningún corte regional determinado, se aplica a todos y cada uno. En su qué y en su carácter regional, lo *negado [das Negat]* no se determina nunca desde la negación como tal, sino siempre desde el qué de *lo* que es negado y sobre esto se determina entonces también el cómo de las oposiciones *regionales*. Op-posiciones *[Gegen-sätze]* que se expresan en la negación se pueden,

16. Véase el epílogo del editor alemán, p. 135.

por lo tanto, caracterizar solo en cuanto *regionales*, no a través del no *[Nicht]* formal.

Esencialmente *(a priori)* imposible que la simple negación sea un criterio para la caracterización regional.

Hay que empezar distinguiendo tres formas de oposición:

1. oposición ontológico-formal en general (algo en general – nada),

2. oposición regional (ser empírico – ser ideal),

3. oposición intrarregional (caliente – frío; exacto – inexacto) (caracterizado de forma regional; según aspectos esenciales en este caso).

Sean las siguientes proposiciones:

1. Cada oposición regional y cada oposición intrarregional se deja formalizar (en vista de la negación del algo en general) y tiene como opuesto la *nada*.

2. Con la concreción de la caracterización del objeto crece el número de posibilidades de oposiciones.

No solamente Rickert no ha demostrado con su criterio el sentido como valor, no lo puede tampoco de forma *a priori*. Pero de esta manera tampoco hemos captado el problema de forma suficientemente fundamental.

Rickert quiere *incluir* el sentido *en una región determinada*, y esta inclusión es claramente de máximo alcance: se decide de esta manera sobre el carácter entero de la filosofía en general. En caso de que esa inclusión sea llevada a cabo de manera metódico-científica y *fundamentada de forma absoluta*, entonces necesita de la cumplimentación de una tarea fundamental previa: [202] la caracterización de la región y la delimitación en general, el complejo problema del «cumplimiento» *[Erfüllung]* y el problema siguiente: ¿cómo se puede llevar a cabo?, por lo que pregunto, ¿cuáles son las posibilidades *a priori* de caracterización de las regiones?[1]

Con el discurso según el cual el ser se deja tan poco definir como el valor, no se dice sin embargo nada, como mucho delata que no se ha visto todavía que aquí se encuentran problemas complicados y que en la filosofía en general no se llevan a cabo definiciones en sentido corriente.

Valor: «para las formaciones que no existen y que, sin embargo, son algo». ¿De dónde sabe Rickert que hay algo así? Pero esto, lo he demostrado; la formación es, pues, un valor. Entonces ¿por qué este ceremonial prolijo y confuso alrededor de un criterio?

Rickert es demasiado filósofo para conformarse con esto, es decir que, implícitamente, admite que no se ha conseguido nada con la determinación axiológica.

¿Cuál es el problema?

Inclusión de un sentido judicativo verdadero en la esfera del valor. Las tres formas de oposición. Prestamos atención a la tercera, ya que viene antes. Hay oposiciones intrarregionales que son caracterizadas regionalmente. Si, según Rickert, caliente/frío se oponen, entonces la objeción es oportuna solamente si con esto se pretende decir que hay en general una oposición de sentido; esto no puede, sin embargo, significar que se trata de la misma oposición que entre *verdadero y falso.*

Si Rickert se defiende contra esto, tiene toda la razón. Sigue siendo un problema saber si la oposición es o no *un objeto axiológico;* también lo es saber si es o no un objeto de una región completamente independiente. Sin

---

1. Véase Rickert, *Der Gegenstand der Erkenntnis*, 3.ª ed., *op. cit.*, cap. 4: «Sentido y valor», pp. 264-355.

duda, hay una analogía con las oposiciones axiológicas; quizás es ella misma una oposición axiológica. No me atrevo a decidirlo, para eso hace mucho que la filosofía no basta (en lo fundamental).

[203] Ya he notado antes que es un error fundamental del libro que Rickert se limite al juicio positivo. Tomemos un juicio negativo para ver qué ambigüedad incomoda propiamente a Rickert. «Este triángulo no es pesado» es un juicio negativo si positivo significa verdadero y negativo significa falso. Ambos opuestos, «positivo – negativo», están situados de forma muy distinta en el sentido del juicio. Positivo —en cuanto *atribución de un predicado*— pertenece a la característica estructural del sentido judicativo mismo como tal, y positivo —en cuanto *verdadero*— no pertenece a la característica estructural, sino que es él mismo un *predicado* atribuido de manera positiva.

Si positivo significa de valor positivo, entonces el problema es ahora saber si verdadero y falso pueden ser caracterizados como de valor positivo y de valor negativo. *Si lo presupongo*, si tomo verdadero como de valor positivo, entonces la *negación* no es solamente algo negativo como tal, sino a la vez *negativo* en el sentido de sin valor.

Esta equivocidad Rickert la confunde *con la primera*. No es la negación la que es equívoca en cuanto *negar*, sino que la palabra negación tiene varios significados ahí donde relaciono una oposición axiológica con la estructura judicativa. Pero que haya o no tal cosa, que pueda o no utilizar este discurso acerca de lo positivo y de lo negativo, es precisamente el problema. Con otras palabras: Rickert habla de una *equivocidad* doble: equívoco = dos oposiciones – a la vez: equívoco = dos significados de lo negativo.

SOBRE LA ESENCIA DE LA UNIVERSIDAD Y DE LOS ESTUDIOS ACADÉMICOS

Semestre de verano de 1919

(Transcripción de Oskar Becker)

Situación en el nexo de la vida: situación es una cierta unidad en el vivenciar natural. Algunas situaciones pueden solaparse las unas sobre las otras: sus duraciones no se excluyen las unas a las otras (por ejemplo, un año en el campo de batalla, un semestre: no se trata de un concepto objetivo de tiempo). En cada situación está presente una tendencia unitaria. No contiene momentos estáticos, sino «eventos» *[Ereignisse]*. El acontecer de la situación no es ningún «proceso», como si fuera observado en un laboratorio de física desde una actitud teorética, como, por ejemplo, una descarga eléctrica. Los eventos «me pasan a mí». La forma fundamental del nexo de la vida es la *motivación*. En las vivencias situacionales, esta se mantiene en un segundo plano. Lo motivante y lo motivado no se dan explícitamente. Atraviesan implícitamente el yo. La intencionalidad de todas las vivencias de una situación tiene un carácter determinado que nace de la situación en su conjunto. Ejemplo de una situación: «ir a clase».

Disolución del carácter de situación: apuntamos con eso a la disolución de la cohesión de la situación, es decir, de la determinación de su aspecto, a la vez que a la disolución del yo de la situación y de su carácter tendencial. De esta manera se da un vacío de vivencia. La disolución afecta al conjunto de la esfera de vivencia. Hay una ausencia de relación entre las cosas de una situación, esto significa ausencia de relación del *sentido* (por ejemplo, los objetos sobre mi escritorio forman una situación).

[206] Tomemos por ejemplo la subida de una montaña para ver el amanecer arriba. Se llega arriba y cada uno espera en silencio. Se está completamente entregado al evento, se ve el disco del sol, las nubes, las masas rocosas con esa forma característica, pero *no* el macizo mismo que acabo de subir. Aquí, al fin y al cabo, se mantiene presente el yo. Por otra parte, una objetividad puramente teorética es posible. Los objetos ya no están vinculados en la situación; están aislados. Pero un nexo nuevo y distinto se ha constituido gracias al *sentido* del estar-orientado objetivo.

Más sobre la «situación»: 1) Cada situación es un «evento» y no un «proceso». Lo que acontece está en relación conmigo; irradia en el propio yo. 2) La situación posee una cohesión relativa. 3) El yo no destaca en la situación. El yo no tiene por qué estar a la vista, fluye con la situación.

Carácter tendencial de las vivencias en la situación. Tendencias que son determinadas desde el yo. Cada situación obtiene su aspecto desde esa tendencia.

Cada situación tiene «duración». Las «duraciones» individuales de las distintas situaciones se *solapan* (en lo motivado y motivante). El yo es él mismo el yo de la situación; el yo es histór«ico» *[das Ich ist histor«isch»]*.

Precisiones sobre la disolución del nexo de situación: el carácter de situación desaparece. Estalla la unidad de la situación. Las vivencias que no tienen unidad de sentido ni unidad real pierden la unidad que la situación les había dado.

De esta manera, el yo de la situación, el yo «histórico» se ve a la vez *suplantado*. La «deshistoricización del yo» ocurre. Cese de la relación viva del yo con su situación. La relación vital del yo de la situación no es un mero estar-orientado hacia meros objetos. Cada vivencia es intencional, [207] contiene una «mirada hacia» un algo cualquiera (una mirada que quiere, que odia, que percibe, que recuerda). La «mirada» tiene una «cualidad» (cualidad del carácter de acto).

La modificación hacia la actitud teorética puede entonces tener lugar, es decir, que cada vivencia puede reducirse a un «puro estar-orientado hacia»; lleva en sí la posibilidad de la disolución, del empobrecimiento. El alcance de esa modificación es ilimitado, domina todas las vivencias puras.

Hay dos tipos fundamentales de esa modificación, desde la actitud vivencial hasta la actitud teorética.

1.º tipo: máximo de la teoretización. Mayor eliminación posible de la situación.

2.º tipo: mínimo de la teoretización. Mayor conservación posible de la situación.

Acerca del 1.º tipo: consideración científico-natural: las vivencias de la naturaleza no son solamente desvinculadas del yo de la situación, sino además teoretizadas. Las etapas son: descripción biológica → teoría físico-matemática (por ejemplo, colores → oscilaciones del éter). Proceso de alejamiento del rubí dado cualitativamente. Culminación: ciencia matemática de la naturaleza. Mecánica, electrodinámica abstracta, etcétera.

Acerca del 2.º tipo: consideración histórico-artística: también frente al historiador del arte hay objetos. Pero llevan todavía en sí la pátina del tránsito a través del yo histórico. La obra de arte es dada en cuanto obra de arte, el carácter vivencial es mantenido.

Historia de la religión: el historiador de la religión se ocupa de Jesús tal como él es vivenciado por un devoto. La figura de Jesús, en cuanto figura religiosa, se conserva. De esta manera, aquí tenemos un mínimo de teoretización.

Los dos grupos conducen a dos tipos distintos de ciencias.

1.º tipo: ciencias de explicación.

2.º tipo: ciencias de comprensión.

[208] El problema fundamental se encuentra en el 2.º tipo: ¿cómo se conjuga la teoretización con el despliegue del nexo vivencial?

La fenomenología intuitiva, eidética, la ciencia filosófica originaria, es una ciencia de comprensión.

El yo de la situación: el yo-mismo, el «yo histórico», es una función de la «experiencia de la vida». La experiencia de la vida es un nexo constantemente cambiante de situaciones, de posibilidades de motivación. La experiencia de la vida en el puro entorno *[Umwelt]* es una forma mixta. A pesar de ello, es posible describirla con precisión en su estructura. Al lado de esto hay experiencias genuinas de la vida que surgen desde un genuino mundo de la vida (artista, hombre religioso).

Según la medida de las auténticas posibilidades de motivación, en cada caso se revela el fenómeno del incremento de vida (en casos contrarios: disminución de la vida). Este fenómeno no está determinado por un sentimiento de los contenidos vivenciados. Hay seres humanos que han vivenciado mucho en los distintos «mundos» (artístico, etcétera) y que, sin embargo, están «internamente vacíos». No han conseguido llevar esto más allá de un vivenciar «superficial». Las formas del incremento de la vida son hoy cada vez más precisas. El «activismo» es auténtico en sus motivos, pero extraviado en la forma. El «movimiento de la juventud alemana libre» es auténtico en cuanto forma, pero le falta precisión en su propósito. Pertenece a la configuración del carácter vivencial en las objetividades de la esfera teorética un entrelazamiento característico del yo histórico y del yo teorético, con las diferencias típicas en el caso 1 y en el 2.

Dos modos de vivencialidad *[Erlebtheit]*: 1) *vivencias* vividas como tales, 2) *contenidos* vivenciados, *lo* que he vivenciado.

La forma de conexión entre los dos modos de vivencialidades es distinta. La unidad de V(2) es objetiva, es un tipo de situación, algo relativo al contenido. La unidad de V(1) es el yo histórico, la experiencia de la vida. Las situaciones se solapan [209] las unas con las otras. Lo vivido depende de los motivos que, a su vez, dependen funcionalmente de cosas pasadas. Solo el nexo vivencial constituye el yo histórico.

Si una situación vivencial se disuelve, lo vivido pierde la unidad situacional, la unidad vivencial. Los contenidos se deshacen, no son un algo vacío, pero se desvinculan de la unidad específica de la situación. El contenido como tal se enajena de la situación, pero conserva todavía el carácter del ser-enajenado. Los contenidos son algo, pero no objetividades puramente formales. Hay que distinguir entre el algo formal y el «algo» de la vivenciabilidad, que no es de una naturaleza teorética.

Al disolverse el nexo situacional, las vivencialidades conservan su plenitud en cuanto a contenido, pero no son más que estados de cosas. La esfera enajenada de la vivencialidad queda así determinada. Es determinada en su qué *[Was]*, es lo «uno» y no lo «otro». Esta «heterotesis» del «uno» y del «otro» no se debe entender de forma puramente lógica, sino a partir del nexo de la conciencia. Este estado de cosa de cada vivencialidad tiene en sí la posibilidad de progresar en la determinación («analíticamente») y en oposición al otro. En el estado de cosa radica un progreso, un señalar-fuera-de-sí *[Von-sich-weg-Weisen]*. Cada estado de cosa indica hacia otro estado de cosa. Tales nexos de estados de cosas tienen el carácter de una unidad específica, es decir, no se puede progresar como uno quiera, sino solamente dentro de cierta región; desde cada estado de cosa se llega a un «límite natural»; por ejemplo, desde un estado de cosa matemático no se puede llegar a un problema religioso. (Véase también Wölfflin, *Conceptos fundamentales de la historia del arte.*[2] Ahí Wölfflin toma como punto de partida la esfera del estado de cosa estético). A partir de esa unidad del nexo de estados de cosas nace una tipología de los estados de cosas.

Cada vivencialidad es ser-vivido, es algo enajenado *[Entäußertes]*, vuelve necesario entender la ajenación *[Äußerung]* misma; se debe [210] conservar el carácter de situación. La mayoría de las veces es en la filosofía donde esto sucede.

La modificación hacia el comportamiento teórico es una modificación hacia una situación nueva.

Es importante que el comportamiento teórico esté implicado de una manera teleológica y necesaria en un

---

2. [N. de los T.] *Kunstgeschichtliche Grundbegriffe. Das Problem der Stilentwicklung in der neueren Kunst* [Conceptos fundamentales de la historia del arte. El problema del desarrollo estilístico en el arte moderno], Múnich, F. Bruckmann A.-G., 1915.

nexo objetivo. El comportamiento teorético solo tiene delante de él estados de cosas como tales. Ahora, en la medida en que los estados de cosas llevan en sí una teleología, el comportamiento teorético mismo se convierte en un proceso. Lo que tiene de vivencia el comportamiento teorético es un progreso desde una determinación cósica a otra. Cada estado de cosa es desde sí mismo un problema (πρόβλημα), una tarea *[Aufgegebenheit]*. Existe una necesidad de legalidad en el progreso. Esta indica con antelación la dirección del proceso del comportamiento teorético. La dirección es *método* (μέθοδος), el *camino* hacia la constitución del nexo de estados de cosas. En la medida en que el comportamiento teorético es necesario y, sin embargo, un problema, encuentra su progreso reglado en el método.

Consideremos ahora la modificación ya no como modificación *en* algo, sino *de* algo (es decir, miremos hacia atrás). El nexo de la experiencia de la vida es un nexo de situaciones que se solapan. La constitución fundamental de la experiencia de la vida es dada a través de la necesaria referencia a la *corporalidad [Leiblichkeit]*. Esto es de una importancia fundamental. La «sensibilidad» (en *Platón* y en el *idealismo alemán*) es experiencia de la vida.

El yo práctico-histórico es necesariamente de naturaleza *social*, se encuentra en un nexo vital con otros yoes. En todos los mundos de la vida genuinos siempre existe, sin embargo, una conexión con la «experiencia natural de la vida». Esto condiciona la génesis de los niveles fundamentales de lo teorético.

El comportamiento teorético requiere una constante renovación. La objetividad teorética solo es accesible a través de un impulso constantemente renovado. Esta necesidad de renovación [211] de la génesis puede ser asumida en una tendencia. Esto significa: esta vivencia puede ser llevada al corazón de una nueva situación y, así, ella determina finalmente un nexo situacional, un nexo vital como tal.

El modo de la génesis se distingue según la objetividad teórica (por ejemplo, es distinta para el matemático que para el historiador del arte).

La génesis, sin embargo, puede todavía estar motivada de distintas formas, independientemente de esta diferencia.

Desde este punto de vista, distinguimos tres tipos:

1.º tipo: mero tomar conciencia *[Kenntnisnahme]*.

2.º tipo: tomar conocimiento *[Erkenntnisnahme]* (solución metódica).

3.º tipo: descubrir conocimiento *[Erkenntnisfindung]* (investigación).

Un comportamiento respecto de lo teorético no es todavía un comportamiento teorético.

El carácter del estado de cosa otorga el carácter del estado de cosa en cuanto problema, de ahí la idea del método en su relación con el sujeto.

La modificación es ella misma una modificación *de la* vida inmediata. En el flujo de la vida hay una capa fundamental: la *corporalidad* con la función de activar nexos determinados de modificaciones: «sensibilidad». Cada vivencia está «lastrada» con esta capa fundamental, aunque haya formas de liberación y de transformación. *Francisco de Asís:* cualquier experiencia de vida natural se fusiona con un nuevo sentido y el hombre religioso solamente puede entenderla desde este.

El comportamiento teorético, en la medida en que se orienta de manera global hacia un puro estado de cosa en el cual está vedada toda relación emocional, se pone de relieve a partir de la experiencia de la vida. Para el hombre teorético es necesario apartarse de la actitud natural. El mundo teorético no está siempre ahí, sino que se da únicamente en un apartarse constante y siempre renovado del mundo natural.

[212] El comportamiento teorético es un proceso en la medida en que, por un lado, fluye a través de las cadenas de justificaciones, pero, por el otro, en cuanto se separa del nexo de la vida, en una espontaneidad siempre nueva. De esta manera: separación e inserción en la teleología de los nexos de estados de cosas. Si el comportamiento teorético es asumido en una tendencia (cuando uno se plantea la tarea del conocimiento de un determinado ámbito), entonces se da una *nueva situación*. Tenemos, pues, una nueva configuración de situación. De esta manera se vuelve posible un nexo de vida referido a lo teorético.

Los tres tipos: toma de conciencia, toma de conocimiento e investigación están conectados, no solamente porque el 1.º requiere el 2.º y el 3.º, sino también porque el 3.º nivel retoma los dos primeros aclarándolos. Tipos funcionales, ya que pueden ser eficaces en distintos ámbitos de cosas. Resulta de todos estos tipos juntos un nexo de la vida científica. La tarea de la investigación: los distintos grados de intensidad de los tipos en una personalidad.

1.º nivel. Toma de conciencia: nivel previo (forma previa de lo teorético). No se mueve más allá de la experiencia natural de la vida. La situación natural no se ve sacudida. En este carácter (como tal), los estados de cosas no se encuentran en la toma de conciencia. Al contrario, el qué está ahí en su puro ser-así *[Sosein]*.

Distintos grados y niveles de claridad de la toma de conciencia (se dan diferentes metas). La mayoría de los seres humanos no va nunca más allá de la mera toma de conciencia. Esta puede alcanzar su forma originaria en lo religioso. La toma de conciencia está caracterizada como una entrega perfecta a la *cosa*. Se mueve inicialmente en los ámbitos materiales de la experiencia natural. Estos solamente interesan por su ser-así. Sin embargo, {la toma de conciencia} está orientada hacia un determinado nexo («naturaleza» en las «ciencias naturales» de la escuela primaria). Sin embargo, esta unidad misma no se capta como tal. *Educación para la veracidad.*

[213] *Nuevo nivel:* se despierta en el sujeto cognoscente una actitud que ya está lista para convertirse en un nuevo tipo, el de la toma de conocimiento.

La toma de conciencia se mueve en mundos nuevos: historia y naturaleza. Los nuevos ámbitos cósicos aparecen bajo la forma de la unidad. Aparecen ya determinadas formas del nexo. Con el incremento de la sensibilidad por las distinciones aumenta siempre la necesidad de la implantación de la veracidad absoluta.

Comportamiento nuevo: *preguntar*, tomando conciencia, por los modos posibles y por la comprensión del nexo. De esta manera se crea una disposición para que el querer-tomar-conciencia se convierta en un querer-saber. Se presiente un mundo nuevo con un contenido nuevo. Un posible comportamiento nuevo hacia ese mundo nuevo. De esta manera se alcanza el nivel más alto de la educación en el orden de la toma de conciencia. La absoluta entrega-a-la-cosa y la veracidad son decisivas. Necesidad de una nueva obligación.

2.º nivel. Toma de conocimiento: pura entrega-a-la-cosa. Contenido de la situación del estudio: cualquier relación con la vida está vedada. Soy completamente libre de todo nexo de la vida y, sin embargo, estoy completamente vinculado a la verdad. De cara a otro sujeto, solamente tengo la obligación hacia la veracidad absoluta.

Con el ingreso en esa esfera pura de estados de cosas obtengo la oportunidad de un conocimiento ilimitado. Corro el riesgo, sin embargo, si incumplo las condiciones de este nexo de la vida, de tener que quedar excluido del nexo científico de la vida. De ahí que la «pregunta por la vocación» *[Berufsfrage]* se plantee en el umbral del nexo teorético de la vida: ¿puedo mantener en mí la actitud de la veracidad absoluta? La esfera teorética es la esfera de la *libertad* absoluta, no tengo más obligación que hacia la idea de cientificidad. Cualquier otro comportamiento debe ser guiado *por esto*. No en beneficio de los demás, en lo bueno y en lo malo. No tengo más que puros estados [214] de cosas y horizontes de estados de cosas. Estos deben proceder del carácter de la región. El método no es ningún artificio, sino algo condicionado por la cosa y se construye siempre de nuevo.

Vuelta a la *génesis del comportamiento teorético*. El desarrollo de la conciencia hacia la vivencia teorética tiene *tres labilidades*.

1. *Labilidad frente a la vivencia del entorno*. Exigencia de la «juventud eterna» del hombre teorético. Siempre volver de nuevo al origen, primera espontaneidad. Por eso una oscilación entre la vida del entorno y la vida teorética, y un sufrimiento por su oposición.

2. Peligro de la *división de los demás mundos de la vivencia* (arte, religión, política, etcétera). Ya al nivel de la toma de conciencia empieza esta oposición de los mundos de la vivencia; ella debe ser «detenida».

3. *Oposición entre la conciencia que toma conocimiento y la conciencia investigadora,* entre la receptividad elevada y la productividad. *Conciencia crítica:* lo trasmitido pierde su carácter tradicional, debe ahora ser vivenciado; preguntar auténtico.

Estas labilidades son necesarias. El método no las debe eludir.

C. H. Becker, *Gedanken zur Hochschulreform* [Pensamientos sobre la reforma de la escuela superior], Leipzig, Quelle & Meyer, 1919.

Cosmovisión consiste en el estar-convencido. Ella percibe una jerarquía. Nace de un mundo de la vida determinado y establece a partir de ahí la jerarquía de los ámbitos de la vida. No es ningún comportamiento científico.

LA IDEA DE LA FILOSOFÍA
Y EL PROBLEMA DE LA COSMOVISIÓN

Semestre extraordinario de guerra de 1919

(Extracto de la transcripción de Franz-Joseph Brecht)

8 de abril de 1919

(La actitud fenomenológica fundamental solo puede alcanzarse como actitud de la vida a través de la vida misma).

El objeto como unidad de una multiplicidad, constituido por medio de la unidad de las leyes del pensamiento, es, según Natorp, la ecuación fundamental, el sentido originario de la conciencia.

Sin embargo, con su método de la subjetivación, Natorp en realidad solo ha exagerado el método de la objetivación. La reconstrucción es también construcción. El comportamiento objetivador. Además, Natorp tropieza en dificultades que no se encuentran en el método objetivador de las ciencias. Sin embargo, si, según él, las vivencias no se dan nunca de manera inmediata, ¿cómo es posible que yo tenga que tomar justamente esta inmediatez como medida para la reconstrucción *auténtica*? La reconstrucción presupone en efecto una medida de valoración que, sin embargo, solo puede ser la inmediatez.

Natorp *no* ve en la subjetivación el peligro del psicologismo. Según él, la psicología es la *lógica* de lo psíquico. En la escuela de Marburgo lo lógico-teorético tiene la posición dominante. Todos los tipos de conocimiento son reducidos a la lógica. (¡Renovación de la dialéctica hegeliana!) ¡Lógica del objeto! Panarquía del logos en sentido lógico.

[216] Hay que tener en cuenta esta idea de la absolutización de lo lógico para comprender la oposición entre el método psicológico de Natorp y el fenomenológico de Husserl.

Ahora bien, ¿en la descripción no se da entonces ninguna contaminación teorética de lo inmediato?

Se entiende que Natorp no ve la esfera de las vivencias en su donación originaria.

Renuncia a adoptar un punto de vista. ¡La fenomenología es la filosofía de la ausencia de puntos de vista!

El principio de todos los principios de la actitud fenomenológica: todo lo que se da originariamente en la intuición, hay que tomarlo tal y como se da. Ninguna teoría como tal puede cambiar algo al respecto porque este mismo principio de todos los principios ya no es para nada teorético: en él se expresa la actitud fundamental y vital de la fenomenología: ¡la simpatía de la vivencia con la vida! Esta es la intención originaria. Nada que ver con el irracionalismo y la filosofía del sentimiento. Es más, esta actitud fundamental es en sí misma tan clara como la vida en su propia capa fundamental. La actitud fenomenológica fundamental no tiene nada de rutinario: pensar que se pueda asumirla de manera mecánica es una farsa de la fenomenología. No es en absoluto un mero procedimiento, sino una actitud que hay que asumir con dificultad y paciencia.

Esta intuición fenomenológica, ¿acaso no es ella también un comportarse respecto a *algo*? Escisión entre lo originariamente dado y la consideración intuitiva. Por tanto, la inevitable objetivación de lo originariamente dado. Por tanto, ¿a pesar de todo algo teórico?

Dificultad fundamental: la descripción, la formulación lingüística, no puede sino estar contaminada teóricamente. Esto por el hecho de que está en la esencia del significado mentar algo *objetivamente* y en la esencia del cumplimiento del significado asumir un objeto en cuanto *objeto*. Además, la universalidad del significado de las palabras tendría que ser necesariamente una generalización y, por tanto, una teoretización. También se identifica el comportamiento intuitivo con la descripción misma, como si el método de la [217] descripción fuera, en última instancia [?], un tipo de intuición. Sin embargo, solo puedo describir si ya he visto.

Pero, al fin y al cabo, en la intuición se da *algo*. Por tanto, en la intuición también hay una escisión entre lo dado y la conciencia. Aquí la cuestión *decisiva* es si decir esto no es a su vez un prejuicio teorético.

En el comportamiento intuitivo yo miro hacia *algo*. El «simple algo». La determinación de la objetividad en general es la lejanía máxima de la vida, el culmen de la desvitalización en el proceso de teoretización. Por tanto, efectivamente algo teorético.

Es necesaria una separación fundamental para ver con claridad. ¿Es el «algo en general» realmente el culmen del proceso de desvitalización, la teoretización absoluta? Se puede mostrar que este *prejuicio* es teorético.

Para verlo: la vivencia de la cátedra. Proceso de teoretización progresiva: al final «los elementos son algo».

Se nota que la caracterización «es algo» puede dirigirse a *cualquier grado* en el proceso de objetivación.

Esto da como resultado el principio según el cual los pasos individuales del proceso de desvitalización están sujetos a una gradualidad específica. A diferencia de ellos la forma de la objetividad «algo en general» es *libre, no* está sujeta a gradualidad.

De esto resulta evidente que la objetividad formal no pertenece en absoluto a este proceso y que, además, la motivación del «algo-en-general» es algo muy diferente respecto a una motivación teorética.

11 de abril de 1919

Es importante comprender la necesidad fundamental para la fenomenología: que el algo-en-general no pertenece al proceso de desvitalización de la teoretización, sino a la esfera fundamental de la fenomenología.

[218] Vivencia del mundo circundante: *grados* de objetivación y desvitalización progresiva. Cada uno de estos grados es un motivo fundante y posee un carácter cualitativo de gradualidad. El «algo-lógico-formal» tampoco está vinculado a [?] la vivencia teorética, sino que es libre. Su ámbito se extiende también a los comportamientos ateoréticos, religiosos, axiológicos y estéticos.

Entonces, si el algo lógico-formal no puede ser motivado por un grado particular, debe encontrar una motivación cualitativamente diferente.

El algo en cuanto objetualidad lógico-formal en general no está vinculado a lo objetivo *[Objektartig].* Su tipo fundamental remite al sentido de lo *vivenciable en general.* Todo lo vivenciable en general es algo.

Aún no estamos en la última capa motivacional del «algo», sino solo, en general, en la esfera en la que se mueve.

Asumir lo vivenciable en general en cuanto «algo» implica, otra vez, ya teoretizarlo. Vivencia religiosa: la posibilidad, presente en la vivencia como tal, de que esta vivencia pueda ser expresada como «algo», muestra que en cada vivenciable hay un «carácter de algo» *[Etwascharakter]*. En otras palabras, el *«carácter de algo» pertenece de manera absoluta a la vida en general:* este es el algo fenomenológico. Se extiende a la esfera de la vida en la que todavía nada está diferenciado, nada es aún mundano: el «carácter de algo» fenomenológico es pre-mundano. El carácter original del «algo en general», el carácter fundamental de la vida en general: que la vida está motivada en sí misma y posee una tendencia. Tendencia motivadora, motivación tendencial: el carácter fundamental de la vida es vivir dirigido *hacia* algo, mundanizarse en determinados mundos vivenciales. El índex de esto se encuentra en el «algo».

Este sentido originario del «algo» debe ser visto fenomenológicamente de manera puramente intuitiva. Es difícil, pero, a pesar de las objeciones, necesario.

Este «algo» pre-teorético, pre-mundano, es como tal la motivación fundamental del algo lógico-formal de la objetualidad en general. La universalidad de esta última se basa en la universalidad del algo primordial *[Ur-etwas]* pre-teorético.

[219]

El algo pre-teorético		El algo teorético	
algo pre-mundano	algo mundano	algo objetual lógico-formal	algo objetivo
(momento fundamental de la vida en general)	(momento fundamental de determinadas esferas de vivencias. Estético)	(motivado en el algo primordial)	(motivado en el mundo auténtico de las vivencias)
algo primordial	mundo auténtico de las vivencias		

Por tanto, el algo teorético se da solo *si* el yo histórico sale de sí mismo y comienza el proceso de desvitalización. Todo lo teorético tiene inevitablemente este carácter condicional: si desvitalizado, entonces hay conceptos.

El algo vivido no es un concepto, sino que es *idéntico* al proceso motivacional de la vida en sí y su tendencia, es decir, no es un concepto *[Begriff]*, sino un *retro-concepto [Rückgriff]*.

Problema del concepto fenomenológico, es decir, formación de retro-conceptos *[Rückgriffsbildung]*.

Hay también una vivencia de vivencia, aunque Natorp no lo haya nunca [...]:³ es la comprensión de la vivencia a raíz de su motivación.

Si nos ubicamos fenomenológica e intuitivamente en la vida en sí, en su motivación y tendencia, entonces surge la posibilidad de comprender la vida como tal. Es aquí donde se muestra la *comprensibilidad absoluta* de la vida en sí. La vida *no* es irracional. (¡¡Esto no tiene nada que ver con el irracionalismo!!).

La intuición fenomenológica en cuanto vivencia de vivencia, la comprensión de la vida, es una intuición *hermenéutica* (que hace comprensible, da sentido).

La historicidad inmanente de la vida en sí constituye la intuición hermenéutica. Aceptadas estas argumentaciones, resulta que la significatividad del lenguaje *no* necesita ser teorética.

[220] Cuanto menos lo significativo como tal es teorético, más lleva en sí la posibilidad de la intuición fenomenológica, la cual se dirige a lo eidético, no a lo generalizado. Dado que lo significativo no necesita ser teorético, ninguna generalización necesita ser vinculada a sus expresiones.

---

3. [N. de los T.] Participio pasado parcialmente ilegible: *vorge...*

Una vez reconocido el carácter no-teorético de lo significativo, entonces emerge la posibilidad de una ciencia de la fenomenología que puede ser comunicada.

El objetivo de la fenomenología: estudio de la vida en sí. Aparente idoneidad de esta filosofía para la cosmovisión. Lo correcto es justo lo contrario.

Entre filosofía fenomenológica y cosmovisión, la actitud es opuesta.

Cosmovisión es detenerse *[Stillstellen]*. (Lo que dijo Natorp contra la fenomenología). La vida en cuanto historia del espíritu en su forma trascendente es objetivada y detenida en un momento determinado. Se absolutizan las actitudes religiosas, estéticas, científico-naturales. Toda filosofía de la cultura es una filosofía de las cosmovisiones. Detiene ciertas situaciones histórico-espirituales y quiere *interpretar la cultura*. Juicio equivocado acerca de la vida cultural. La cosmovisión es detención, cierre, final, sistema. Incluso Simmel, en los últimos trabajos, no asume la vida como tal, sino como lo histórico-trascendente, no como lo histórico-absoluto.

La filosofía, sin embargo, progresa solo a través de la inmersión absoluta en la vida como tal porque la *fenomenología* nunca es completa, es solo *provisional*, se sumerge siempre en lo provisional.

Ella no se engaña nunca, es la ciencia de la honestidad absoluta. En ella no hay habladuría *[Gerede]*, sino solo *pasos intuitivos;* en ella no son las teorías las que contienden, sino solo las intuiciones *[Einsichten]* puras con las espurias. Las intuiciones puras, sin embargo, se pueden obtener solo a través de la inmersión honesta y sin reservas en la autenticidad de la vida en sí; en última instancia, solo a través de la autenticidad de la misma vida *personal*.

EPÍLOGO DEL EDITOR ALEMÁN

(1987)

El manuscrito del curso «Fenomenología y filosofía trascendental de los valores» contiene 37 páginas: la introducción («Principios directivos del curso»), un suplemento
(aquí con el título «Sobre la intención del curso») que
se interrumpe al final de una página (y cuya continuación no poseemos) y el texto continuo de 26 páginas
en cuartillas, redactadas en formato vertical. El último
tercio de cada página deja espacio para ampliaciones y
apuntes adicionales que son, en general, identificados por
siglas que permiten ordenarlos con el texto principal. Se
añaden a ese texto dos pequeños suplementos que, según
las indicaciones de Heidegger, habían sido integrados
al curso. Se encuentra otro suplemento de dos páginas
que lleva como título «Consideración sobre la negación».
Gracias a dos cuadernos de apuntes disponibles, se ha
podido identificar ese texto como el capítulo conclusivo
del curso. El manuscrito del texto principal se interrumpe
abruptamente con un apunte marginal sobre el criterio de
la negación (que, sin embargo, no se nombra): «Rickert
no se molesta en preguntar: ¿con qué derecho utilizo este
fenómeno, un criterio? ¿A raíz de qué sé, entonces, que
vale?» (p. 111 [200]). El tránsito argumentativo hacia el
§ 13 («Consideración sobre la negación») pudo esta-
blecerse gracias a la integración de dos secciones de este
comentario («Rickert *no* examina [...] un criterio auténtico?») tomado de la transcripción de Franz-Joseph Brecht.

135

La transcripción del curso «Sobre la esencia de la universidad y de los estudios académicos» contiene 19 páginas numeradas de un cuaderno. Lleva el siguiente título (escrito a mano por Oskar Becker): «M. Heidegger: extractos del curso: *Sobre la esencia de la universidad y de los estudios académicos*. (Semestre de verano de 1919, Friburgo)». El hecho de que esta transcripción esté caracterizada como «extracto» cuadra con la abrupta entrada en materia en los razonamientos y la ausencia de una introducción al tema. La fecha inscrita sobre la primera página del cuaderno de Becker es 3 de junio de 1919. Sin embargo, según el registro de los cursos, el semestre de verano había empezado el 26 de abril de 1919 y Heidegger había empezado a impartir el curso «La idea de la filosofía» el 9 de mayo de 1919, tal como se puede establecer gracias a la datación de los apuntes que Brecht ha tomado de este curso. Hay que concluir, pues, que Becker no había asistido a las primeras clases del curso «De la esencia de la universidad». Las fechas (17 de junio y 1 de julio de 1919) que Becker ha anotado en el margen de sus apuntes permiten además concluir que Heidegger impartía clase sobre este tema durante dos horas cada dos semanas. Las actas de los archivos de la Universidad de Friburgo no dan más información al respecto.

EPÍLOGO A LA SEGUNDA EDICIÓN ALEMANA

(1999)

El fragmento complementario reproducido en esta edición en las páginas 127-133 [215-220] está sacado del cuaderno de apuntes de Franz-Joseph Brecht y corresponde a las dos últimas horas del curso del semestre de emergencia bélica de 1919. Este extracto se refiere a lo que está tratado en las páginas 128-142 del libro *La idea de la filosofía y el problema de la concepción del mundo* (pp. 106-117 del original alemán). En cuanto al contenido, el extracto completa el curso sobre todo gracias a la retoma del tema rector anunciado en la primera hora del curso.

El cuaderno de notas de Franz-Joseph Brecht es el único que abarca el curso del semestre de emergencia bélica en su conjunto. El de Gerda Walther es incompleto y, en el caso de los apuntes de Oskar Becker, no son sino una «selección de momentos importantes» de los otros dos. Además, los apuntes de Becker, al compararlos con los de Brecht, presentan una serie de lecturas incorrectas.

Los apuntes de Brecht han sido transcritos por Claudius Strube y el extracto que aquí restituimos ha sido publicado con anterioridad en los *Heidegger Studien*, vol. 12 (1996), pp. 9-13.